U0653132

陕西出版资金资助项目

中国汉传佛教八大宗派及其祖庭丛书

李利安 主编

金胎合曼——密宗及其祖庭

李心苑 李永斌 著

西安电子科技大学出版社

图书在版编目 (CIP) 数据

金胎合曼：密宗及其祖庭/李心苑，李永斌著.
—西安：西安电子科技大学出版社，2016.11(2017.5 重印)
中国汉传佛教八大宗派及其祖庭丛书
ISBN 978-7-5606-4337-3

Ⅰ.① 金… Ⅱ.① 李… ② 李… Ⅲ.① 密宗—研究 Ⅳ.① B946.6

中国版本图书馆 CIP 数据核字(2016)第 268757 号

策　　划　高　樱
责任编辑　杨　薇　马武装
出版发行　西安电子科技大学出版社(西安市太白南路 2 号)
电　　话　(029)88242885　88201467　　邮　编　710071
网　　址　www.xduph.com　　　　　电子邮箱　xdupfxb001@163.com
经　　销　新华书店
印刷单位　陕西华沐印刷科技有限责任公司
版　　次　2016 年 11 月第 1 版　　2017 年 5 月第 2 次印刷
开　　本　710 毫米×1000 毫米　1/16　印　张　13.5
字　　数　161 千字
印　　数　4001～7000 册
定　　价　28.00 元
ISBN 978-7-5606-4337-3/B
XDUP　4629001-2
如有印装问题可调换

中国汉传佛教八大宗派及其祖庭丛书
编委会名单

主　编　　李利安

编　委（按姓氏拼音排列）

　　　　白　冰　　曹兴中

　　　　黄　凯　　李继武

　　　　李心苑　　李永斌

　　　　李　媛　　田　鹏

　　　　王宏涛　　谢志斌

总策划　　阔永红

序 一

佛教创立于公元前六至五世纪的古印度。释迦牟尼时代，佛教基本上是在印度的恒河流域传播，当时信仰佛教的人并不是特别多。到公元前三世纪，古印度阿育王在位的时候，佛教才广泛传播开来，其中向北传入大夏、安息和大月氏，并越过葱岭传入中国西北地区。

从考古材料和一些文献中可以看到，在西汉末年，佛教已经在长安、四川和东部沿海的部分地区流传，但是影响力比较小。《后汉书》中记载，东汉明帝在位的时候，就知道西域有佛，所以明帝就派使者到大月氏求取佛经，这标志着佛教正式传入中国，也就是在这个时期，有一些上层的贵族开始信仰佛教。在东汉末年以前，中国内地流行的佛教经典就只有一本《四十二章经》。当时的人们把佛教看做与黄老方技相类似的一种方术。东汉末年，佛教的基本特征已经开始被人们所了解。在三国初期，有一位名叫牟子的佛教信徒写了一部《理惑论》，用自问自答的形式来反驳人们对佛教的质疑。在这本书中，他介绍了释迦牟尼成佛的整个过程，然后介绍了佛教的轮回学说，包括天堂和地狱的学说，以及佛教的一些独特的修行方式。特别重要的是，这本书讨论了佛教与儒家、道教的区别，它说儒家主要是讲一些治国的道理，尤其是政治上的道理，但佛教讲的是精神上的道理。佛教与道教的区别是，道教主要是讲人的肉体生命，佛教所追求的不是长生不死，而是涅槃境界。这表明佛教独特的信仰特征已经为中国人所熟知。

魏晋南北朝是中国佛教发展史上的一个非常重要的时期。这个时期，中国人主动了解佛教经典的愿望更加强烈，精通佛教经典的域外高僧也被请到中原从事佛经的翻译事业，于是更多的佛教经典传到中国并得到翻译。曹魏时期，洛阳有一个出家人，叫朱士行，他在钻研传入的佛教经典时，感到这些经典特别是《小品般若经》有些地方讲不通，就认为肯定是翻译有问题。当他听说在西域有大量佛教经典的原典时，就下决心去西域寻找更周全的佛经。公元260

年，他从雍州（今陕西西安）出发，越过流沙到达于阗(即现在的新疆和田一带)，终于找到了佛教《小品般若经》的升级版，即《大品般若经》。他就在那里抄写，自己没有回来，但是他托人把这本经送回洛阳。朱士行是中国有史记载的第一个去西天取经的人，这是中国佛教发展史上一个非常重要的事件。到东晋时期，又有一位僧人法显于公元399年从长安出发，与多位同伴一起，经过千辛万苦到达了于阗，但是他跟朱士行是不同的，他没有在这里停止，他又与部分同伴继续西行，越过葱岭，到了天竺(即现在的印度)，后来又到了尼泊尔，然后一直在那一带寻找佛经并学习了很多年。之后他乘商船到了今天的斯里兰卡，又经过苏门答腊岛，回到了山东的崂山，然后从崂山再经陆路，于413年到了建康（今南京）。这个人是历史上记载的真正去西天取经的第一人，他在那边生活和学习了很多年，是深刻了解佛教原典的一个中国人。这么一批人，他们西行取经，带回了很多经典，对佛教发展具有很大的促进作用。在这个时期，也有一些域外的高僧被请到中原来从事佛经的翻译事业，这中间最有影响的是鸠摩罗什。鸠摩罗什是西域人，他出生在今天的新疆，但是他长期在古印度跟他的母亲一起修习佛教，对佛教非常了解，而且又懂汉语。他在后秦弘始三年（401年）被迎到长安。后秦出物资出人才，让他在长安的逍遥园等地翻译佛教经典。当时他有八百多个弟子，译出了《妙法莲华经》《佛说阿弥陀经》《金刚经》，还有《中论》《百论》《十二门论》《大智度论》等大量的经典，一共七十四部、三百八十四卷，这些经典对佛教的发展作出了很大的贡献。因为鸠摩罗什对佛教非常了解，他的汉语水平也很高，弟子又很多，所以他译的这些佛典文辞优美，而且又契合佛教的原始含义。可以说，到了鸠摩罗什这个时候，中国佛教的面目焕然一新，突出表现在中国人已经开始接触到佛教原典的基本品质。因为有这样的基础，随着对佛教了解的深入，中国佛教徒就能够准确地把握佛教义理的精髓。鸠摩罗什的弟子僧肇(384—414年)对鸠摩罗什所翻译的这些经典，特别是对《中论》《百论》《大智度论》十分了解。他在与同学们一起讨论老师的这些佛教教义的时候非常有见解，连他的老师鸠摩罗什也认为在汉地真正了解佛教"空"义的第一个人就是僧肇。僧肇写了四篇文章，即《物不迁论》《不真空论》《般若无知论》《涅槃无名论》，这四篇论文后来被收集起来，一般叫做《肇论》。它非常明晰地介绍了当时大乘佛教的"中道论"，也就是所谓的"中道缘起论"。这个理论非常契合佛教的真正本质，对于廓清中国佛教理论界的迷惑及引导中国佛教根据佛教的根本精神发展，产生了非常重要的作用。僧肇在这几篇文章中，一方面接受了佛教的基本理论，另一方面对他之前中国佛教中所出现的各种各样的理解都进行了批评。由此，中国佛教的发展就有了非常坚实的理论基础。

大约到六世纪的中叶，中国佛教就开始出现用自己的理解对整个佛教体系进行一种理论构架的尝试。这个时候，中国佛教已经不满足于追求原汁原味的佛教了，而是要发表自己对于佛教的见解，尝试对所有这些佛教体系提出自己的一种统一的认识。最先明确表示这一意图的是南朝的梁武帝萧衍。他对佛教作了一些研究，为此写了一篇《立神明成佛义》，认为要把庞大的佛教体系统一起来，关键是要有一个心识的神明，他认为这是统一佛教理论的基点。因为心识有神明、无明两个方面，所以心识也就是成佛之本：神明的方面是显示佛教（无为法的）光明的一面；心识的无明则是显示佛教有为法的黑暗的一面。皇帝提出了这个见解，当时梁朝的知识分子和大臣们就开始讨论，很多人说皇帝提出的这个见解实在高明，因为通过这种见解，佛教理论体系就能够很好地把握了。这虽然也有一些吹捧，但这一见解也确实代表了中国佛教开始要用自己的理解来统摄佛教的理论体系。这是中国佛教的一个重要变化。

隋唐是中国佛教创宗立派的重要时期，在这个时期产生了很多中国化的佛教理解，比如吉藏创立了三论宗。这个宗派就是依据《中论》《百论》《十二门论》这三部佛教的"论"创立的宗派，主要研习和传播佛教中的道学说。到了隋代，还有一个高僧叫智顗，他创立了天台宗，其主要是依据《妙法莲华经》，也就是通过对《妙法莲华经》的贯通性认识，来建构对佛教的理解，从而形成一个宗派。进入唐代以后，又有玄奘创立了法相唯识宗。玄奘在研究中国佛教的过程中，发现中国佛教中有些理论问题不能解决，所以留学印度十七年。他回国前夕，印度举行了无遮大会。玄奘提出了自己的理论，欢迎所有佛教界和非佛教界的人提出批评，整个印度的佛教界和非佛教界都提不出反驳意见。他回国以后和弟子们一起创立了法相唯识宗。此外，在武则天时期，法藏依据《大方广佛华严经》创立了华严宗，华严宗是以关中的华严思想为基础的一个宗派。还有唐中叶慧能创立的禅宗、唐代道绰和善导正式创建的净土宗等。这个时期出现了这么多宗派，它们不仅仅是解释原汁原味的佛教是什么，而是要对佛教提出自己的理论建构。这些宗派的共有特征，就是根据自己的理解，建立持之有据、言之成理及反映佛教根本精神、各具特色的佛教理论体系。这是它们的一个共同特点。

二十世纪，我国佛教研究专家汤用彤先生写过《汉魏两晋南北朝佛教史》，又写过《隋唐佛教史稿》，他认为佛教在中国传播的历史可以分为三个阶段：第一个是格义的阶段，第二个是得意忘言的阶段，第三个是明心见性的阶段。所谓格义，就是拿中国的概念去套印度佛教的概念。这相当于僧肇以前中国佛教的传播阶段。那个时候就是看佛教的这个词相当于中国的哪一个概念，通过比较，慢慢地对佛教有所了解。但是僧肇以后，魏晋南北朝一直到隋唐之际，这阶段的最大特点是"得意忘言"，人们认为佛教讲了什么东西并不太重要，重要的是抓住它最关键的思想。"明心见性"是什么意思呢？就是不仅仅抓住了它的意思，而且还能够用我们自己的语言表达我们自己的理解，把佛教的道理讲得更加透彻。我觉得汤用彤所说的佛教传入的三个阶段是符合中国佛教实际情况的。

释迦牟尼生活的时代大约与孔子、老子同时，中国和古印度的地理距离又不是十分遥远，而且交通从来也没有中断过，那时候从西域可以到古印度，从海路也可以到古印度，但是为什么佛教产生六百多年以后才与中国文化发生联系，而到了一千年以后，它能够在中国生根发芽呢？我认为关键的原因就是：春秋战国到秦汉时期，我们中国传统的思想资源能够有效地解决社会的现实问题，而到了魏晋时期，传统思想资源在解决新时代的问题时却出现了困难。春秋时期，夏商周的礼制文明出现了问题，于是出现了孔子、老子及诸子百家，他们使我们的文明渡过了难关。到了秦汉时期，传统的思想文化也能够解决当时中国的政治问题及社会问题。但是到了魏晋南北朝时期，对于所出现的一些问题，当时中国的思想家仍然希望利用中国传统的思想资源来解决，所以他们就又回到了老子、庄子及《周易》，重新解读中国传统的文化，看能不能探讨一条中国文化的新出路，而且他们也认识到这是一个非常大的时代问题。但是因为民族矛盾或社会矛盾的恶化，这一思潮根本就找不到现实的出路。佛教就是在这一背景之下，在中国的文化中开始生根发芽的。也就是说，中国文化无法有效解决中国的问题，而佛教刚好应对了这些问题，这是佛教扎根中国的一个根本性的原因。

那么，佛教到底给中国提供了什么稀珍之法而得以扎根中国呢？

第一，佛教提出了对世界的一种全新认识，更加深刻而巧妙地解释了世界的根源与未来趋向。在佛教传入中国之前，我们当时流行的是以董仲舒为代表的天人感应式的世界观，这种世界观认为有一个客观存在的宇宙秩序，这个秩序的基本模式是阴阳五行，核心是阴阳二气的流转变化。按照董仲舒的解释，它也就是我们现实生活中的伦理秩序，尤其是"君为臣纲、夫为妻纲、父为子纲"，即"三纲六纪"。董仲舒反复论证，这是一个非常稳定的秩序，显示出宇宙的真理。但是，佛教的缘起理论传入中国后，它告诉人们，我们生活的世界不是一个阴阳变化的客观结果，而是我们的思想、言语、行为所产生的结果的一个集合体。这与董仲舒的解释是完全不一样的。若问谁发现了宇宙中的真理，董仲舒的回答就是圣人和帝王。帝王因为是天的儿子，圣人因为耳聪目明，他们先知先觉，所以能够发现宇宙中的真理，于是他们在宇宙的真理中起到了中介的作用，他们是整个宇宙中的担当者。但是按照佛教缘起论的解释，那就不是这样了，我们众生中的任何一个个体都是平等的，每个人都是他所生活的世界的一个作用者，一个始作俑者，也是这个世界发展到哪里去的担当者。这是很不相同的一种解释，是一种全新的世界观。

第二，佛教高扬了个人的伦理责任和社会责任。按照中国传统的认识，我们有帝王，有将相，有圣人，他们是担当者。每一个个体的人主要依托于家庭与家族而存在，没有独立的个人意识。但是佛教认为，我们每个人的业报结果都不是由家庭与家族决定的，哪怕是夫妻关系、父子关系或最亲密的朋友关系，对自己都不产生任何实质性的影响。我们所有的存在状态与未来结果，都是自作自受。如果自己真正要担当起来，就要有另外一种纯粹的生活，首先要做的是离开这个家庭，甚至离开这个现实的社会生活。这种思想确实对中国这种以农业为主、以家庭为基础的社会构成了一定程度的冲击，对中国传统的政治秩序、家庭秩序带来了一定的破坏，软化了古代家族牢固的堡垒，某种程度上动摇了中国古代社会的根基。为什么当时中国有很多统治者对佛教比较排斥，就是出于这个原因。但是，它同时使个体在家庭以外的社会关系中得以更宽阔地展开。个体可以离开这个家族去思考更广泛的问题，使自己在社会中的主体性真正地凸显出来，这是佛教第二个很关键的学说。

第三，佛教宣扬众生平等的思想，为当时解决民族冲突打开了思路。在汉代的思想体系中，"华夷之辨""夷夏之辨"非常严格，但是佛教主张众生平等，对中国人影响很大，所以到唐太宗时，"自古皆贵中华贱夷狄，朕独爱之如一"。如果没有佛教思想的熏陶，这样的认识恐怕是不容易出现的。佛教为解决魏晋南北朝时期非常复杂的民族矛盾提供了思想上的空间，弥补了当时中国文化的不足，为民族大融合与文化统一提供了理论依据。

第四，佛教扩展了人的精神世界。在佛教的世界观中，众生的生命个体肯定是有生成和灭亡的，但是有一个东西是不会灭亡的，就是人的言语、意识、行为所产生的后果，它会凝聚到精神"识"体，就是阿赖耶识之中，人虽然不存在了，但它会在宇宙中流转。这个流转的图景是什么呢？佛教有一个非常通俗化的解释，即这个世界是由六个大的层面构成的，既有上天的层面，也有人的层面，既有畜生的层面，也有阿修罗的层面，甚至还有鬼的层面和地狱的层面，这叫做六道轮回。在六道轮回中的生命个体都是众生的生命现象。每个众生的业力决定它的轮回，轮回就是生命不停地生灭变化，业力就是众生的行为、语言和心念产生的一种力量，它凝聚着个体过往的生命信息，并在将来演化成各种不同的生命现象。只要个体没有最后解脱，就会不停地轮回。这是对佛教精神世界的一种很世俗化的解释，它实际上就是告诉我们，人的生命空间无限辽阔，无穷无尽，每个人所面对的生命都是一个非常辽阔而恒久的存在。这种学说有助于化解个体对现实境遇的不满和愤懑，也有助于唤醒个体对现实境遇的麻木不仁，还有助于促进个体对众生平等的高度自觉。因此我们可以说，佛教为魏晋南北朝时期思想家所关注的生命、灾难与文化发展方向等问题提出了一种全新的思考，也提出了一套全新的解决办法。

当然，佛教的世界观也有一些难以回避的矛盾。第一，它对客观世界没有足够的重视。传说有一个人见到释迦牟尼，问他这个客观世界是从哪里来的，会到哪里去。释迦牟尼把他训斥了一顿，说你这个人，就像一个挨了一支毒箭的病人，你现在不赶快治疗，却要研究这支箭是从哪里来，还没研究清楚你就已经毒发身亡了。所以，佛教主张不要研究这些世界本原性、规律性、终极性的问题。但是这个客观世界的确存在着这些问题，它确实对我们产生了作用。虽然佛教的缘起理论也分析了这些问题，但是它没有触及深层次的规律以及它在我们现实生活中到底能产生什么影响，这是其理论上的盲点。第二，它很容易滑向真理相对论。按照佛教的解释，整个世界确实是会朝着一个非常美好的前景发展的，如果我们所有人都按佛教所说的真理去实践，按照真理的本来面目去观察世界并指导我们的心念与行为，这世界当然就比较和谐，比较安详，会成为一个美好的世界。但是要做到这一点是很难的。佛教认为就是因为很难，所以必须要有"我不入地狱，谁入地狱"的决心。另外，即使自己看到另外一个人在痛苦着，哪怕自己掌握了真理，也不能使那个人接受自己的方式，而必须要跟他一起痛苦，一起悲欢离合。佛教的这种功夫是非常困难的，很容易成为一种空想。同时，禅宗认为行住坐卧都是禅，真理不能够离开现实生活，只有在现实生活中掌握的真理才是真正的真理。由此影响到儒家也在对生活背后的真理进行追寻。儒家所讲的父亲慈祥一点儿，儿子孝顺一点儿，君主包容一点儿，臣子忠诚一点儿，丈夫对妻子恩爱一点儿，妻子对丈夫温顺一点儿，它们的真理体现在哪里呢？这些新的问题的出现恰恰是中国文化发展的一个新挑战。所以到了唐宋之际，中国文化就发生了一种转折，重新回到了中国的原典，把佛教的许多理论思考与中国传统的儒家经典、道家经典结合在一起，由此发明了宋代的新儒学和新道教。中国的文化又走向另外一个高峰。

从佛教在中国的发展历程中我们可以看出：

第一，外来文化的输入与传播，肯定是在本土文化遇到自身难以克服的矛盾的背景下才出现的，佛教就证明了这么一个基本的道理。

第二，外来文化最核心的冲击力必定是它的世界观及其所衍生的人生观。佛教传进了很多的方式，既有它的生活方式，也有它的艺术形式，这些东西确实影响了中国的文化，但是它们背后的精神才是最关键的。如果没有背后的世界观和它引申的人生思考，这些东西是不可能在中国文化中产生深远影响的。这个后面的东西是它真正的核心竞争力，是它核心的穿透力。

第三，面对外来文化的传播，最好的办法就是消化吸收。就像我们吃饭一样，不仅要把一个外来的东西吃到嘴里去，而且必须要把它咀嚼消化，成为我们血液中的一个有机组成部分，只有这样，外来文化才能被我们真正地理解并真正成为我们自己的文化。

　　李利安教授是我很敬重的学者，他在佛教研究方面取得了突出的成就，特别是他关于佛教菩萨信仰的研究，有相当的系统性和深度，我时常从他的研究中得到启发。他和一些青年朋友共同撰写的"中国汉传佛教八大宗派及其祖庭丛书"即将出版，约我写几句话，我感到这项工作对于今天我们全面理解佛教文化，从而更加深入地把握中国传统文化有重要意义，于是不辞浅陋，把自己关于佛教的一点体会写出来，希望增添读者朋友们阅读该丛书的兴趣。衷心希望该丛书能够得到读者朋友们的喜爱。

方光华

2016 年 10 月 11 日

序 二

习近平总书记在建党九十五周年庆祝大会的重要讲话中指出，"文化自信是更基础、更广泛、更深厚的自信"。文化自信由此上升到民族自信的高度，并与中华民族的伟大复兴联系在一起。也就是说，没有文化自信，就没有巨龙腾飞的内在动力，也不可能有一个稳定而深厚的精神纽带和广泛认同的精神家园，更没有进入世界民族之林的资格。

而在文化自信当中，中华传统文化具有根基性的地位。因为中华传统文化塑成了中华民族的精神气质，凝聚着中华民族代代相续的情感，包含着中华民族的智慧，形成了绵延五千年的文脉，成为一种宝贵的文化资源，至今散发着迷人的魅力。

中华传统文化是由儒、佛、道三家支撑起来的一种多元一体的文化。儒家主要协调人与人之间的关系，是一种以治世为主的文化；道教特别强调自然的价值和意义，在协调人与自然的关系方面有其独到的作用，在治身方面显示出明显的优势；佛教主要协调人的身心关系，具有极为丰富的精神修养智慧，是一种以治心为主的文化。三家各有其长，各有其用，自魏晋以后，逐渐形成并立互补、相互圆融的文化格局。没有佛教的进入，就不可能形成这种多元一体的文化发展机制和三教呼应的文化生态。

作为中华传统文化一支的佛教文化最早源于印度，但正像习主席 2014 年 3 月 27 日在联合国教科文组织总部的演讲中所说的，"佛教产生于古代印度，但传入中国后，经过长期演化，佛教同中国儒家文化和道家文化融合发展，最终形成了具有中国特色的佛教文化"。也就是说，佛教虽然产生于印度，但传入中国的佛教最终已经成为中国文化的有机组成部分。这一历史转型的完成就是中国化。

学术界一般认为，在外来宗教中，佛教的中国化是最彻底的。佛教中国化经历了漫长的岁月，并在义理、信仰、仪轨、修行以及寺院和僧团等各个方面全面展开，但最具理论深刻性和实践持久性的还是宗派的形成。中国汉传佛教主要有八大宗派，自从隋唐时期正式诞生以后，始终是中国佛教理论体系和实践体系的第一支撑。

习近平主席在 2015 年中央统战工作会议上提出，积极引导宗教与社会主义社会相适应，必须坚持中国化方向。在今年的全国宗教工作会议上，习主席再次强调，积极引导宗教与社会主义社会相适应，一个重要的任务就是支持我国宗教坚持中国化方向。全国政协主席俞正声在总结讲话中要求深刻理解坚持我国宗教中国化方向，不断提高宗教与社会主义社会相适应的广度和深度。在这种背景下，汉传佛教宗派文化的深入挖掘与系统整理便具有了非常强烈的现实借鉴意义。

宗派是印度佛教传入中国后形成的。每个宗派的形成都是中外高僧集体智慧的结晶。所以，每个宗派不但各有其所依据的经典支撑，还各有其祖师的理论建树与实践的开展，而每个祖师的理论建树与实践开展又总是在各自的传承谱系中进行的，并落实在一定的空间之内，于是每个宗派在形成祖师传承谱系的同时，又形成各自特有的祖庭。每个宗派一般都会有多位创宗祖师，祖师们又会驻锡不同的寺院，所以，每个宗派总是有多个祖庭。

八大宗派的历史已经有一千多年，祖庭与此相同，一般也具有千年以上的历史。祖庭的文化底蕴总是与这个宗派直接相关。如果说祖师谱系体现了宗派的传承，那么祖庭沿革则是宗派变迁的一种反映。祖师们贡献了自己的智慧，祖庭则见证和承载了祖师的智慧，并由此塑造了自己的文化特色，不断丰富着自己的底蕴。所以，在中国，祖庭一直是佛教神圣性资源的重要组成部分。过去，我们佛教界一直很重视宗派，但我们往往比较忽视祖庭的价值。另外，我们也疏于对宗派历史与思想进行通俗化传播，于是，宗派及其祖庭这种文化资源的价值并未得到充分的发挥。

改革开放以来，特别是进入二十一世纪以来，陕西省政府有关部门开始重视佛教祖庭文化。2005 年陕西省政府组成宗派祖庭调研领导小组，时任副省长的张伟担任组长，对陕西境内六大宗派之祖庭进行了全面的调研，形成画册、专著、电视专题片和专项规划等四项成果，叶小文、释学诚、黄心川等名家担任顾问，陈忠实、魏道儒等各界名流出席了成果发布会，影响曾盛一时。这次调研激发了很多人对祖庭的兴趣，并引起有关部门对祖庭文化资源的重视。

2014 年 6 月，大慈恩寺、兴教寺、大荐福寺、大佛寺等四处陕西境内的佛教寺院成功进入联合国世界文化遗产名录，其中三处都属于佛教宗派的祖庭，佛教祖庭的名声由此大振，并因此引起了很多人对佛教宗派及其祖庭的关注。与此同时，陕西省政府也更加重视祖庭文化资源的保护和利用。2014 年 6 月 17 日，时任陕西省省长的娄勤俭在时任副省长白阿莹、西安市委书记魏民洲、时任陕西省宗教局局长徐自立、时任陕西省宗教局党组书记张宁岗、时任西安市常务副市长岳华峰陪同下，对律宗、华严宗等宗派的祖庭进行了调研，并在密宗祖庭大兴善寺召开了汉传佛教六大祖庭住持座谈会。我也参加了调研和座谈会，并在会上就祖庭文化资源的价值和保护利用现状等问题发了言。娄勤俭省长在会上要求，坚持弘扬优秀传统文化，把各宗派在佛教发展中的独特贡献继承好、发扬好、展示好。2014 年 8 月，陕西省委常委、省委统战部部长陈强走访了三论宗祖庭草堂寺、净土宗祖庭香积寺、唯识宗祖庭兴教寺等佛教祖庭，其他时间还走访了华严宗祖庭华严寺及密宗祖庭大兴善寺。

紧接着，陕西省又相继启动了一些新的有关佛教祖庭的项目，其中反响比较热烈的是陕西省文物局负责的六大祖庭打包申遗。据报道，2015 年已进入计划申请列入中国世界文化遗产预备名单的阶段，等待国家文物局对全国的世界文化遗产预备名单调整和审定，将确定最后能否继续申请成为世界文化遗产。

2016 年 11 月份，将在西安召开由中国佛教协会、中华宗教文化交流协会联合主办，陕西省组委会承办的"汉传佛教祖庭文化国际学术研讨会"，会议主题为"祖德流芳，共续胜缘"，分议题为"汉传佛教祖庭与文化弘扬""汉传佛教祖庭与中国实践""汉传佛教祖庭与国际交流"。届时，将有来自海内外的两百多名著名法师、学者和文化名流参会，以期深入挖掘汉传佛教祖庭的文化内涵，探索汉传佛教的现代化道路，总结汉传佛教的文化积淀和发展经验。

除了学术研究之外，中国汉传佛教宗派与祖庭文化始终存在一个通俗化推广的问题。前些年江苏古籍出版社出版了中国佛教宗派通史丛书，但至今没有一套通俗化的宗派及其祖庭丛书。不进行通俗化的传播，宗派的理论建树与祖庭的文化底蕴都难以为社会所理解，佛教中国化的历史经验和博大精深的智慧资源也就难以得到有效的借鉴。

　　李利安教授主编的这套"中国汉传佛教八大宗派及其祖庭丛书"是第一套通俗介绍八大宗派及其祖庭的著作。丛书由八本专著组成，每个宗派一本，系统全面地阐述了八大宗派及其祖庭的历史与现状，尤其是通过祖师谱系的勾勒和理论体系的阐释，揭示了汉传佛教八大宗派的内在结构与基本特性，为读者展现了宗派与祖庭文化的无穷魅力，具有重要的学术意义和现实价值。李利安教授是我多年的朋友，他长期从事佛教文化的研究和教学工作，取得了很大的成就，受到学术界和教育界的一致好评。更为可贵的是，李教授不但是佛教的资深研究者，也是虔诚信仰者，更是佛法的弘扬者。他以担当精神和正信理念护持佛教，堪称智护尊者！相信他这次组织撰写的宗派及其祖庭丛书也一定能得到读者的欢迎。同时，我也希望借助这套丛书的出版，各界进一步密切合作，在佛教宗派与祖庭文化资源的挖掘、整理、保护、利用等方面继续努力，以充分发挥佛教文化在净化人心、提升道德、庄严国土等方面的积极作用。

中国佛教协会副会长
陕西省佛教协会会长　　　　增勤
唯识宗祖庭大慈恩寺方丈
2016 年 10 月 8 日

浩浩宗风传法脉　巍巍祖庭蕴哲思

一

佛教文化方面的丛书已经出版很多了，但既全面系统又通俗易懂地阐释中国汉传佛教八大宗派及其祖庭的丛书这还是第一部。

大家都知道，佛教是中华文化的有机组成部分，不了解佛教就不可能对中华文化有透彻而准确的理解。而一提起佛教，大家往往都会说，中国佛教有三论宗、唯识宗、净土宗、律宗、华严宗、密宗、禅宗、天台宗等八大宗派，不懂这八大宗派就难以理解中国佛教。此言不虚，八大宗派是中国人选择和理解印度佛教的结晶，不但代表着佛教的中国化，而且形成了中国佛教最深厚的理论支撑，是塑成中国特色佛教文化的灵魂。直到今天，任何人学习佛教，只要稍微一深入，无论是探讨《金刚》《法华》《坛经》《华严》《楞严》《圆觉》《深密》《大日》《阿弥陀》及三论等经典，还是领会慈悲、智慧、中道、不二、止观、圆融、唯识、净土、三密等理念，都绕不开八大宗派。

与宗派相伴生的则是祖庭，因为宗派是由祖师创立的，而祖师创宗立派都是在某个寺院之内完成的，于是这个寺院便被奉为该宗的祖庭。一旦被奉为祖庭，便在该宗之中具有神圣的意义，源于儒家的寻根问祖也逐渐成为烘托祖庭地位、拓展祖庭内涵、激励祖庭发展的一种重要文化现象，从而既留下很多美丽的传说，也成为当代各祖庭激发文化自觉、确立文化自信和实现文化自强的重要因素。如果说宗派塑成了中国佛教理论体系与实践体系的灵魂，成就了中国佛教历史的第一精华，那么祖庭就是中国佛教空间载体中文化积淀最为深厚的圣地，与五大名山、三大石窟等具有同样的地位。对所有想深入了解佛教文化的人士来说，宗派与祖庭都是他们不能逾越的思想城池。拿下这座城池，才有机会进入佛教思想的王宫。

前些年江苏古籍出版社出版了一套中国佛教宗派丛书，八大宗派每宗一部通史，堪称宗派研究的里程碑，不过除了纯学术而不利于其价值的社会转化外，

I

也没有对祖庭进行系统研究。近年来陕西省相继就祖庭文化的宣传推广做了很多工作，但始终只限于六大宗派，缺少了最为流行的禅宗和唯一完全由中国人创立的天台宗，而且呈现出注重祖庭而忽视宗派的倾向。将宗派与祖庭统合在一起进行考察，并进行全面、系统、准确、通俗的解读，这一工作一直未能取得重大进展，宗派与祖庭文化在激发智慧、净化灵魂、匡扶道德、提升人文等方面的现实价值也就不可能得到真正的发挥。

改革开放以来，尤其是进入二十一世纪以来，中国经济迅速腾飞，综合国力不断增强，而国人的精神不但没有获得相应的提升，反倒出现了更多的空虚、焦虑、疲惫，信仰缺失，理想迷茫，道德滑坡，内心的紧张与现实的冲突不断增多，精神净化与伦理重塑的呼声日益高涨，从佛教文化中挖掘智慧的借鉴成为对治当代中国精神危机的重要途径。当然，我们也清楚地看到，目前大众接触和吸收佛教智慧的途径还仅仅局限于"鸡汤型"传播路径，尽管实现了生活化和通俗化，但在理论的深刻性、完整性、逻辑性、神圣性等方面都远远不能与博大精深的佛教智慧相呼应，这也是很多有识之士深感可惜的现象。随着文化的昌盛与佛教传播的逐渐普及和日趋深入，告别文化凋敝时代饥不择食的"鸡汤"慰藉，突破浅显单薄的表层说教，为佛教信仰寻求更加厚重的精神给养，为文化交流与传播增添更多精深高雅的元素，为生活实践提供更加丰沛的智慧滋润，这将成为越来越多的中国人的选择，也将成为中华文化发展的必然趋势。所以，具有精湛而深刻的理论情趣的宗派以及诞生了宗派思想并不断走向复兴的祖庭将日益受到世人的青睐，这将是一个不可阻挡的历史潮流。深入宗派，走进祖庭，回味历史，反观人生，在八宗理论的鉴赏中理解中国佛教的微妙旨趣，在八宗修持的体验中领会佛教应对人生困惑的奇特方法，相信你的思维会得到训练，智慧会得到滋养，精神会得到重塑，心灵会得到净化，生命的品质也会获得提升。

二

说起宗派，在中国它总是和学派联系在一起的。中国佛教的学派主要出现在魏晋南北朝时期，而宗派则出现于隋唐时期。学派是对印度佛教的学习与筛选，宗派则是对印度佛教的筛选与改造，从学而后选，到选而后改，完成了从学派到宗派的转换，也从理论与实践两个方面完成了印度佛教的输入与域外佛教中国化的基本进程。相对于学派来说，佛教宗派主要有以下六个特点。

一是通过对传入中国的域外佛教的学习与理解，既完成了经典的鉴别与学说的筛选，也完成了理论的融会与修法的创新，不但形成了独具一格的理论解读，也形成了契理契机的总体改造，代表着佛教中国化在文化深层的最终实现。

二是在筛选、改造的基础上，形成本派内部公认的、完整而相对定型的理论体系和修行体系，并依赖这种相对统一的理论体系和实践体系，划清宗派的界限，形成固定的信奉人群，铸造生存与发展的基本框架，沉淀各自不同的宗风。

三是师徒相承，恪守理论与实践体系的代代相传，形成相对完整的传法体系，确保宗派理论与实践的正统性和权威性，并以这种传法体系为核心，形成文化的认同与情感的亲近，进而凝聚师徒人心，链接同修同道，在传法谱系的延伸中，尽力维系宗派的代际传播。

四是通过判教对在中华大地上生根的外来佛教的各个不同学说进行次第与关系的安顿，在协调宗派关系的同时，完成对自身学说正统性和崇高性的论证，把自己宗奉的学说和其他学说区别开来，并确定为佛法的最高境界。这种判教思想与实践是世界宗教史上的创举，不但带来了佛教派系直接和平友好的相处，而且激发了相互之间的互补呼应与圆融统一，更重要的是确立了自身的文化自信，并不断激发出文化自强，奠定了八大宗派分立共处的基本格局。

五是因为传法体系的建立和师徒关系的维系，以及同门同修之群体的相对稳定，各宗派均形成自己的传法、修持和弘教中心，一般表现为一处或多处相对稳定的道场，有些寺院因为创宗祖师或中兴祖师的驻锡而形成被后世追奉为祖庭的寺院。

六是具有相对明确的派别意识，主要表现为对不与他同的教义和修持的热爱与宗奉，对创宗和传承祖师的认定与崇拜，对道统的认可与维系等。这种派别意识与判教思想相互联系，判教重在处理与其他宗派的关系，而派别意识则重在自我爱护与自我维系。

当然，不同宗派在以上六个方面的表现是有所不同的，有的宗派在学理与修行方面的个性极强，信仰认同性也非常突出，但在传承体系等方面很弱，如净土宗；有的宗派虽有建立在理论认同性基础上的僧团与学说的纵向传承，但在学理的普适性方面极强，以致缺乏个性，很快如雪融化，普润了大地，促使了新的生命诞生并茁壮成长，但不断地消解了自己，如三论宗；有的宗派尽管学理传承明晰，个性也很浓郁，但为整个中国佛教尤其是出家群体所吸收，成为规范性极强的基础性文化体系，从而减弱了独立存在的意义，如律宗；有的宗派理论个性分明，宗奉的群体也相对稳定，但仅仅在极少数精英分子中有短暂的流传，哲学性超过了宗教性，高雅性超过了通俗性，文人性超过了民众性，虽然魅力无穷，但影响面很小，如唯识宗；有的宗派尽管体系严密完整，理论独具特色，但信仰的神圣性与修行的复杂性使其局限于上层，难以在民众中完整推行，后来常规的传承谱系中断，在被迫转型后以另外一种弥散的形态大面积地延续着自己的顽强生命，如密宗。另外，天台宗、华严宗即使在隋唐时代也缺乏强烈的宗派意识。因为学理的认同而形成的相对固定的群体以及相对明确的师徒传承是隋唐时代中国佛教宗派的重要特征，寺院财产与管理的专属性继承、学修群体的组织性排他意识、传法谱系的宗法性沿袭，所有这些严格意义的宗派特性，除了晚唐之后的禅宗之外，隋唐时代的其他宗派都不太明显。

可以这么说，中国汉传佛教的宗派有三大类：第一类是传承认同性的宗派，传法谱系清晰，师徒关系严明，具有宗法性的特色，成为一种综合性的社会存在，属于严格意义的宗派，其中以禅宗为典型，密宗也基本可以划归此类；第二类是法脉认同性的宗派，对学说的领会与传承，对思想的认同与坚守，对方法的推崇与遵行，呈现出思想文化的代际传播，以三论宗、天台宗、华严宗、唯识宗为代表；第三类是信仰认同性宗派，建立在个性分明、心理趋同、修法统一的基础上，可以超越师徒直接传承的限制，属于松散意义的宗派，以净土宗为代表，律宗也基本可以划归此类。当然，这仅仅是一个大略的分类，细究起来，各个宗派的特性识别及其相互关系的划分其实也是一件很难的事情。而且，对宗派划分的方法是很多的。不同的研究宗旨会选择不同的划分方法，不同的划分方法自然会有不同的分类结果。按照我们这种分类方法进行观察，在中国佛教诸宗派中，只有禅宗的宗派传承意识最强，并有长久的延续，且成为宋代以后中国佛教宗派传承体系的主要代表。

宗派曾经是隋唐时代中国佛教走向鼎盛的象征。两宋以后，八大宗派的原有光环逐渐暗淡，以致很多人认为宗派的地位已经让位于菩萨信仰、因果报应、地狱净土、行善积福、经忏法事等信仰性佛教和静避山林的禅修传统。其实，两宋之后的中国佛教远非这么简单，佛教的信仰化、生活化、简易化、功利化、神秘化、民众化成为这个时期佛教发展与存在的基本态势，但在佛教文化的深层存在中，源于宗派、成于宗派、基于宗派的文化主脉始终肩负着滋养佛教思想、框范佛教修行、塑造佛教形态的重任。宗派就像一条暗藏着的轴线，决定着中国佛教的生存与发展走向。可以这么说，宗派不但象征着隋唐时代的佛教繁荣，也支撑着隋唐之后中国佛教的基本体系并始终引领着中国佛教的发展变化，直至今天并将继续下去。总体上看，宗派在中国佛教中的地位主要体现在以下六个方面。

　　第一，汉传佛教的宗派是中国人引进、筛选、理解、吸收印度佛教的最大成果，是中国佛教理论探索与创新的结晶，既反映了印度佛教中国化的归宿，也代表着中国佛教最辉煌的理论成就，其不但使印度佛教的思想得以继承和延续，实现了续佛慧命、保存文明的伟大使命，而且极大地丰富了中华文化的宝库，彰显了中国人的理论勇气与卓越智慧，为后世中国佛教奠定了雄厚的理论基础和修行实践的基本依据，是中国佛教至今无法逾越的历史荣耀。

　　第二，中国佛教八宗并存，相互呼应，共成一体，造就了独具特色的中国佛教文化。这些宗派各有其据，各显其长，各传其法，各守其道，因其强烈的个性而形成彼此的分立与呼应，相互的激发与补充，并最终形成多元一体的格局，由此也决定了整个中国佛教的基本体系。在这个多元一体的文化命运共同体内部，各宗派通过判教来解释彼此的分立，形成次第有序、相互包容、圆融会通的宗派关系，这既与中世纪天主教的异端裁判行为相异，也与伊斯兰教分派过程中的激烈对抗不同，中国佛教的宗派并立创造了一种彼此认同、和谐呼应、圆融一体的佛教文化生存与发展机制。这种内在机制既是多元的，又是一体的，所以这种宗派并立是和平友好的，是彼此相成的，是充满活力的。这既是解释中国佛教理论体系和实践体系之特色的最大秘密，也是理解中华文化基本特性的一个前提。

　　第三，宋代以后的中国佛教，尽管以禅修和念佛为主体，并呈现出浓厚的通俗性、信仰性和生活性，但纵观这段历史，真正具有理论意义的史实依然可以从宗派中找到发展的线索，各个宗派的著作及其所宗奉的经典始终是中国佛教注释与研习的热点，尽管缺少了隋唐时代的理论创新，但佛教自古以来并不以理论创新为追求，而是以佛法的正统为前提，以理论的支撑为基础，以实践的引领为目的，也正是由于宗派经典与学说的持续流行，才足以框范中国佛教的发展趋向，保证中国佛教的理论与实践不致出现大的偏失与走形，中国汉传佛教的正统性才得以保持。

第四，从宏观来看，当代中国汉传佛教，不论是佛教寺院，还是僧团组织，不论是日常法事，还是个体归属，除了禅宗、净土宗、密宗之外，其他宗派均不再具有中国佛教存在形态的支撑性意义。但是，各个宗派的理论成就与修行方法为当今佛教提供了活水源头，而且是取之不尽，历久弥新，呈现出旺盛的生命力和强劲的影响力，这是当今任何一位初具佛教文化的人都知晓的事实，可以说，离开了八大宗派，当代中国佛教的理论形象与信仰魅力将大为降低，所谓佛教理论体系的博大精深也就成了无稽之谈。

第五，除了禅宗之外，其他宗派尽管已经退出了宗派原有的存在模式，但是，这些宗派的经典著述尤其是那些创宗祖师的学说在今天依然被很多人虔诚宗奉，从而形成具有宗派意义的法脉传承和特色僧团，如近代以来由月霞、应慈、真禅等人师徒相承的华严宗，由谛闲、倓虚、明哲等人师徒相承的天台宗，由杨文会、欧阳竟无、吕澄等人师徒相承的唯识宗，另外，弘一大师的律宗和印光大师的净土宗也有深远影响。而在当代，悟光、彻鸿师徒相承的密宗，普陀山妙湛大和尚弘扬的天台宗，台湾海云法师弘扬的华严宗，东林寺大安法师弘扬的净土宗，重庆惟贤长老弘扬的唯识宗，也均宗风鲜明，个性突出，堪称隋唐佛教宗派的当代延续，可见这些宗派的现实意义与影响力是不可忽视的。

第六，在当代国内与国际的学术研究以及佛教界的各级各类佛学院的教学体系中，汉传佛教的各个宗派依然具有指引性意义。很多学者都将研究的兴趣指向宗派，相继涌现出大量的研究成果，而且在未来相当长的时间内，宗派研究将依然是中国佛教学术研究不会轻视的领域。中国佛教与东亚各国尤其是日本佛教的交往，宗派依然是一个极为重要的桥梁。而中国目前各个佛学院的专业划分往往也以八大宗派为指南，并形成以宗派为特色的教学体系。所有这些都显示了宗派在当代佛教中的重要影响，说明宗派不是逝去的辉煌，而是现实的存在。

宗派总是和祖庭联系在一起的。祖庭是宗派的载体，宗派是祖庭的灵魂。祖庭认定的第一因素是祖师，而且专指那些创宗祖师或中兴祖师。所以，我们要先讨论一下什么样的人才能算作创宗祖师或中兴祖师。当然，祖师的认定主要是一个宗派内部根据公认原则的约定俗成，尽管政权、学术、文人、社会大众对祖师的认定也会产生重要的影响。在中国佛教历史上，一个宗派的祖师序列是不同时代逐渐形成的，凡是在该宗派孕育、萌芽、形成、转型的历史进程中做过重要贡献的人都可能被奉为创宗祖师。一般来说，这种重要贡献是指以下五个方面：第一，该宗派所奉经典的翻译者和最初的弘扬者，如三论宗中土初祖鸠摩罗什，唯识宗中土初祖玄奘，密宗中土前三代祖师善无畏、金刚智、不空；第二，该宗派所奉经典的最初和最主要的注释与弘传者，如天台宗的智顗、律宗的道宣、三论宗的吉藏、华严宗的前三代祖师等；第三，该宗派所宗奉的思想与信仰以及修行方法的最初倡导者或最重要的推广者，如净土宗的慧远和昙鸾、道绰、善导及其后的各位祖师；第四，与该宗派理论情趣与修行风格一致或因为具有孕育、萌芽、促成等关联性而被后世奉为祖师，如禅宗的初祖菩提达摩及二祖慧可、三祖僧璨和四祖道信；第五，为该宗派的转型发展做出巨大贡献，从而使该宗派取得巨大进展的，如华严宗的第四代祖师澄观，净土宗第十三代祖师印光等。

讨论了什么样的人才能算作创宗祖师或中兴祖师后，我们再来讨论什么寺院才能算作祖庭。根据我对中国佛教传统的理解，凡是符合以下任何一种条件的寺院，均可视之为祖庭：第一，在历史上被奉为一个宗派之创宗祖师的人，生前著书立说、译经弘教、收徒传法、依法修行的寺院；第二，在历史上被奉为一个宗派之创宗祖师的人圆寂后第一批舍利供奉之地；第三，被奉为创宗祖师的人诞生、出家和圆寂等重大事件发生地的寺院；第四，在该宗派形成之后发生的重大转型与发展过程中产生直接作用，并被奉为该宗祖师的人，其重塑该宗之事的主要发生地。一般所说的宗派复兴主要是指这种具有一定创新性与拓展性的发展，有变化，有转型，有提升，有发展，而不仅仅是一般意义的壮大，如该宗信众的增加，传播地域的扩大，实力的加强等。这样的标准，排除了以下几种情况：第一，虽然也被奉为祖师，但既非创宗也非中兴的祖师，这些人驻锡、著述、弘法、修持的寺院不在祖庭之列；第二，虽然被奉为创宗或中兴祖师，但所驻寺院不是成就该宗诞生或中兴之地（即不是著书立说、译经弘教、收徒传法、依法修行的寺院），也非这些祖师诞生、出家、圆寂之地，则不能算作祖庭；第三，创宗或中兴祖师圆寂后，舍利在第一次安奉供养之后，部分转移供奉之地，也不能作为祖庭。

祖庭在宗派发展乃至整个中国佛教发展中具有重要的地位，主要表现在以下四个方面。

第一，祖庭是祖师驻锡生活之地，养育了祖师生命，留下了祖师的足迹，辉映着祖师的身影；祖师舍利供奉地的祖庭则因为祖师真身常在而别有亲近温馨、神圣肃穆之气韵；同时，祖庭还是祖师灵感的迸发之地和祖师智慧的成就之地，见证了祖师的荣耀和思想的伟大，并因此印证了这块土地的神奇。所以，怀念祖师必然与崇敬祖庭相伴生，这也是与中国宗法制以及天人合一等理念最接近的一种祖庭情怀。

第二，祖庭是中国佛教理论创新的基地，佛教中国化的核心园地。佛教传入中国五百多年之后，一种全新的佛教思想在这里孕育扎根，一种全新的佛教修法在这里破土而出，一种全新的佛教文化体系在这里茁壮成长，从而在这里矗立了中国佛教发展历程中直到今天都堪称之最的里程碑，使这一空间在中华文化发展史上具有了神圣的意义。信仰和传承这种思想，必然对这种思想的诞生地产生情感的认同与精神的皈依。

第三，祖庭不但是宗派思想的诞生地，更是宗派思想传承与沉淀之地，蕴含着宗派的荣光，氤氲着宗派的气息，汇聚着宗派的底蕴。对学习和践行这些宗派理论与修法的人来说，回归祖庭，走进历史，犹如投身祖师的怀抱，沐浴宗派的慧光，在此氛围的感染下，体验祖庭的深厚文化积淀，感受古今贯通的滋味，必然会有意外的收获。

第四，祖庭是宗派的空间遗存，是宗派留存至今的最鲜明的物质载体，凝聚着宗派的历史记忆，是宗派魅力在当代彰显的大本营，是宗派现代复兴的第一阵地。正是由于这些祖庭的存在，宗派的历史才不断被激活，宗派的学说才不断被传扬，宗派的记忆才会转化成新的篇章。今天的各个祖庭都以各自的宗派而树立起文化的自信与自豪，并在文化自觉中努力实现文化的自强。祖庭在这一过程中给他们信心，给他们力量，给他们支撑。如果说在历史上是宗派成就了祖庭，那么在今天却要借助祖庭去成就宗派。

三

西安电子科技大学出版社于 2014 年获得陕西出版资金资助，出版了王宏涛著的《西安佛教祖庭》一书。王宏涛是我的博士研究生，应他的请求，我为该书作了一篇序言，从而与该书的策划编辑高樱及出版社相关人员也结下佛缘。

一次，我陪西北大学朱益平老师前往香积寺参访，高樱正好也要送刚刚出版的《西安佛教祖庭》一书给本昌法师，于是我们便一同前往。在这次交谈中，我提到翻阅该书的一些感受。我认为祖庭的灵魂在宗派，讲祖庭必须讲宗派。而要想把每个宗派及其祖庭讲清楚，一本书实在是太小了，很多问题只能一笔带过，无法深入。我们过去在祖庭文化方面做了很多工作，但不进行全面系统的祖庭文化解读，任何祖庭资源的保护与祖庭文化的宣传以及其他一些工作都是难以准确到位的。过了不久，高樱突然邀请我来出面组织学者重新编写一套有关祖庭的书，每个宗派及其祖庭一本，共八本，形成一套丛书。我开始比较犹豫，但鉴于她的鼓励与期待，当然也有我自己以及我的团队在宗派与祖庭研究方面长期积累所建立起来的自信，于是就答应了下来。我很快安排人力，以我指导的在校或业已毕业的博硕士研究生为主，共调集了十位青年才俊来承担这项任务。

写作过程中，每本书都遇到了很多问题。大家多次集中，一起讨论，每次讨论高樱都全程参加，每个人都激发出自己的智慧，在协同作战中表现了可贵的合作友爱精神。具体的撰写工作对每个人来说都是一次严峻的考验，好在这支队伍不但是有水平的，也是有担当意识的，更重要的是亲和而默契的。大家经历了艰辛的写作体验，也为自己的生命时光刻下了独特的记忆。九月中下旬，八本书稿相继定稿并交付出版社。在编辑过程中，西安电子科技大学出版社的胡方明社长、阔永红总编辑、陈宇光副总编辑等领导都给予了全力的支持，不但开启了绿色通道，特事特办，而且调集了出版社最强的编辑力量，节假日不休息，沉稳而快速地推进相关工作。其策其法，有胆有识；其情其义，令人感动。

从目前完成的书稿来看，本丛书总体上有以下七个特点。

一是八宗兼备，每宗一册。本丛书的主线是纵向勾勒，横向分类，体系清晰，结构完整。

二是时空落实，主要体现在宗派与祖庭兼备，既有对宗派的介绍，也有对祖庭的描述，有助于实现时空的定位。

三是古今贯通。从渊源讲起，在追溯历史的同时，关注当下的状况，实现了古今的呼应，避免了学术界常见的重古薄今。

四是史论结合。宗派的历史与宗派的学说同等重要，祖庭的沿革与祖庭的神韵均受到关注。

五是解行并重，也就是理论与实践的统一，既注重对宗派理论的解析，也注重宗派理论的当代价值，对于那些在现代生活中具有借鉴价值的学说给予重点介绍。

六是内外同观。佛学也称为内学，佛教以外的学说则被称为外学。从佛教信仰的视角观察，宗派的历史与宗派的信仰一般会更加丰满，而从佛教以外的视角观察，则可能更加客观。二者结合起来，才可能更加全面准确地再现宗派和祖庭的历史与文化底蕴。

七是雅俗共赏。本丛书不追求观点的创新，尽管也有很多创新，而重在追求通俗化的呈现。尽管在通俗化方面也并未达到我的期望，但总体上看，通俗易懂依然可算作是本丛书的一个亮点。

由于时间紧张，本人水平有限，本丛书中不可避免会存在一些问题，渴盼读者慈悲为怀，不吝赐教，帮助我们不断进步。

李利安

2016 年 10 月 5 日　于心苑书屋

目　　录

一、印度渊源

密宗是中国佛教开创最晚的一个宗派，以"三密加持"、"即身成佛"为主要特色，意思就是遵循它的修持方法会得到神秘力量的帮助，不用经历漫长的时间，在此生就可以成佛，和其他宗派相比是修行圆满的迅疾法门。密宗高僧一行法师在《大日经疏》中说：

入真言门略有三事：一者身密门，二者语密门，三者心密门，是事下当广说。行者以此三方便，自净三业，即为如来三密之所加持，乃至能于此生满足地波罗蜜，不复经历劫数，备修诸对治行。故《大品》云：或有菩萨初发心时，即上菩萨位得不退转，或有初发心时，即得无上菩提便转法轮。龙树以为如远行，乘羊去者久久乃到，马则差速。若乘神通，人于发意顷，便至所诣。①

其中"身密"主要指修行的人手结契印和坐姿同佛一样，"语密"指口诵真言咒语，"心密"指种种观想等。密宗认为修持这三种法门，就会得到佛的加持即帮助，会比一般的修行法门更快得到正果，比喻一段远行的旅程中，密宗是最快的交通工具。如有些宗派认为成佛需要经历三大阿僧祇劫，世界生成毁灭一次是一劫的时间，比喻遥远无期。密宗充满了种种神秘色彩，以手印、咒语、观想等为主要修习方式，强调师徒之间的秘密传授，还宣称其为佛的秘密言教，故称作密教。相应地，其他宗派就称作显教，显教即为释迦牟尼佛所说之教，包括一般我们所说的"小乘佛教"和"大乘佛教"，都以"经、律、论"为公开宣讲内容。

密宗的根本经典《大日经》《金刚顶经》等是公元7世纪以后才出现的，很快就被传译到了中土。某个宗派的根本经典，顾名思义就是该宗核心思想、修道体系、宗教仪轨等方面的理论基础，也是区别于其他宗派的一个重要标志。有些宗派，如三论宗、华严宗等都是直接以其根本经典命名的。密宗的根本经典虽然出现较晚，但其神秘主义思想，早在佛教产生之初就出现了端倪。有人认为，密宗的产生是佛教吸收了印度土著宗教中的咒语

印度渊源

---

① ［唐］一行：《大毗卢遮那成佛经疏》卷一，《大正藏》第39册，第579页中-下。

等神秘主义因素；也有人认为是我国道教从云南传入印度，佛教吸收了它的设坛咒符等因素。早期的佛教经典当中，有很多关于僧人不准学习咒术的记载，佛陀甚至为此制定了戒律，认为这些都是旁门左道。吕建福教授认为，佛教经典禁止的咒语和密宗的咒语不同，密宗的咒语是脱胎于一种称为"总持门"的陀罗尼。陀罗尼起初是僧人为了实现口耳相传而背诵佛经的一种方法，后来被神秘化、神圣化成为密宗的起源。[①]在密宗开创之前佛教向中国传播的过程中，就出现了许多密教化的经典和善咒术的僧人。季羡林曾说，密宗的开宗创派不是一蹴而就的，是经过在西域八百年的集聚和酝酿而形成的。

密宗在印度也可谓源远流长。密宗的根本经典出现以前，在译经和弘法中密教的因素中夹杂着大乘佛教的义理言说，这个时期被称为"杂密"时代，是密教逐步成熟的一个过程。根本经典出现以后，专门弘传密教义理、仪轨的时代到来，也标志着密教成熟，称其为"正纯密教"的时代。在其根本经典《大日经》《金刚顶经》《苏悉地经》等中，最主要的角色就是大日如来和金刚手，也被该宗奉为付法八祖中的西天初祖和二祖。

（一）从大日如来到金刚手

1. 西天初祖大日如来

密教的初祖大日如来，也是密教的本尊，梵名摩诃毗卢遮那，摩诃意思是"大"，毗卢遮那意思是"日"，故译为大日。因毗卢遮那有光明遍照之义，所以又叫做遍照如来，也叫做最高显广眼藏如来。《大日经疏》曰："梵音毗卢遮那者是日之别名，即除暗遍明之义也。然世间日则别方分，若照其外不能及内，明在一边不至一边，又唯在昼，光不烛夜；如来智慧日光则不如是，遍一切处作大照明矣，无有内外、方所、昼夜之别。……

---

① 吕建福：《中国密教史》（修订版），中国社会科学出版社，1995年8月，第24-26页。

世间之日不可为喻，但取是少分相似，故加以大名曰摩诃毗卢遮那也。"①《演密钞》曰："毗云遍，卢遮那云光明照，为顺此方云光明遍照。"②《金刚顶经义诀》曰："梵音毗卢遮那，此翻最高显广眼藏如来。毗者最高显也，卢遮那者广眼也，先有翻为遍照如来，又有翻为大日如来，此盖略而名义阙也。"③

大日如来与释迦牟尼佛不同，不是真正的历史人物，而是一种真理的人格化，所以也称为法身佛。法身佛也就是佛教常说的三身佛之一，代表佛教真理的凝聚之身。还有报身佛和应身佛，报身佛是经过修习而得到佛果享有佛国之身，应身佛也叫化身佛，是佛为了度化各道众生应化出的各种形象。大日如来在广大金刚法界宫，与很多菩萨在一起，诸大菩萨向他请教如何成佛的相关问题，他为诸大菩萨宣说，所以才有了《大日经》。据说大日如来将该经藏在了印度北部高不可攀的大石山的一些山洞里，每年七月，诸神集中讨论结集，经书因意外传到了人间，有一位国王将经书抄录了一遍，《大日经》这才到了世间。当然，这只是个传说，法身佛连形象也没有，怎么会藏起佛经呢？日本学者大村西崖认为，法身佛以梵语宣说《大日经》《金刚顶经》等经典，难道那个地方没有其化身吗？既然以梵语宣说此法，就只能是化身佛释迦牟尼了。他还援引《大日经》卷六中所说"法自在牟尼"一句，认为法身佛指的就是历史人物释迦牟尼。后来密宗的各个派别，对大日如来和释迦牟尼的关系也看法不同，比如日本天台密认为大日如来和释迦牟尼为同尊，而东密则认为二者不是同尊。

无论如何，我们从密宗对大日如来名字的解释中，可以看出其地位崇高、法力广大、无处不在。首先从其别名"遍照如来"看，密宗中称其能够除去一切黑暗。太阳虽然也能带来光明，但是还有昼夜之分，世间还有

---

① [唐]一行：《大毗卢遮那成佛经疏》卷一，《大正藏》第 39 册，第 579 页上。
② [辽]觉苑：《大毗卢遮那成佛神变加持经义释演密钞》卷二，《卍续藏》第 23 册，第 535 中。
③ [唐]不空：《金刚顶经大瑜伽秘密心地法门义诀》卷上，《大正藏》第 39 册，第 815 上。

阴暗的角落，但是大日如来不同，能够遍除一切黑暗。这里的光明和黑暗也超出了一般意义上的明暗，它蕴含着世间万事万物的两个对立面，而大日如来能够带来象征光明和美好的一切。其次，大日如来能够遍照法界，法界的范围很大，宇宙中的万事万物都包含在法界当中。大日如来能够开发法界之中所有众生的善根，让他们获得成佛的机会，也能够让法界中所有众生生长发展，获得自身的价值。也可以说，万事万物都是大日如来性德的显现，所以它是无处不在的。最后，大日如来的光芒永远不会有生灭，它能够除去遮盖众生佛性光明的黑暗，所以是广大无边的。

大兴善寺大雄宝殿五方佛，中为大日如来

如此广大无边、无处不在的大日如来，为金刚手菩萨演说了《大日经》，此经又经过种种因缘来到世间，并于8世纪初传译到了中土。《大日经》全称《大毗卢遮那成佛神变加持经》，亦称《毗卢遮那成佛经》，共七卷三十六品。黄心川先生认为该经的出现是密宗思想系统化的标志，其中第一品《入真言门住心品》主要讲了三句义、六十心相、十缘生句和种种住心，被认为是密宗所有重要理论的概括、教相的要旨。三句义即"菩提心为因，悲为根本，方便为究竟。"吕建福教授对三句义如此解释：《大日经》把它的全部教义概括为因、根、究竟三句。因句是它的本体论，讲清净平等的菩提心为成佛之内在根据，佛心自心平等无二，如实知自心即是菩提。根句是它的实践论，讲大悲胎藏密法，以入此曼荼罗为成佛之基本条件。究竟句是它的方法论，讲三密为成佛之捷径、趣入究竟之方便，以手结印契为身密，口诵真言为语密，心作观想为意密。三密相应，即身成佛。[①]六十心相就是列举了世间众生的种种心相，心相并非心脏的相貌，而是指本来所具有佛性的心相和依外界事物而产生的种种心境，住心即要认识心相具有佛性的本来面目，除去因外缘而产生的障碍。十缘生句就是用十种事物的生灭来比喻阐述世间万物的成住坏空。这些看似简略的语句，是对密宗理论的高度概括，是对大乘佛教理论的继承和发展，并融合了大乘空有二宗的理论，也是《大日经》中唯一说教相的部分。教相与事相相应，教相是指密宗的理论基础，也是可以公开阐述和探讨的部分。而事相是指密宗择地、警觉地神、治地、涂坛、香水洒净……投花、护摩……等一系列符合仪轨的法事的方法，只能在具有一定资格的僧人师徒之间口耳相授，不能对外公开，如果公开就会受到很可怕的报应。《大日经》除第一品讲述教相外，其余都是讲述事相的部分。

2. 西天二祖金刚手

《佛教大辞典》中关于金刚手的释义为：金刚手又称执金刚菩萨、秘密主菩萨、金刚手药叉将。广指执持金刚杵之菩萨，亦特用以称密迹金刚力士。如胎藏界曼荼罗金刚手院之诸尊皆称金刚手；又《增一阿含经》卷二十二载，密迹金刚力士在如来之后，手执金刚杵。又《大日经疏》卷一载，浅略义之金刚手，指夜叉，因其执金刚杵常侍卫佛，故称金刚手；深义之金刚手，则指表大日如来身、语、意三密之金刚萨埵。《理趣释》卷上称此菩萨即普贤，因普贤亲由毗卢遮那佛之二手掌受五智金刚杵之故。而不空所译之《八大菩萨曼荼罗经》则在八大菩萨中并列普贤及金刚手，并述金刚手菩萨右手执金刚杵，左手安于胯，顶戴五佛冠，身青色，半跏坐。

① 吕建福：《中国密教史》（修订版），中国社会科学出版社，1995年8月，第98页。

印度渊源

我们这里说的金刚手就是密宗西天二祖金刚萨埵。据吕建福教授考证，金刚萨埵原为佛的护卫力士，号密迹力士，后来影响不断扩大，在大日如来兴起后成为了大日如来的内眷属，也称金刚手，再发展为大日如来的化身"金刚萨埵"。初祖大日如来既然不是真实存在的人物，只是真理的人格化，那么他的说法对象金刚手菩萨也就只是一种真理人格化的存在。

密宗宣称自己传承的是法身佛"大日如来"的深奥秘密教旨，为最"真实"的言教，并传说大日如来将其密法传授给了金刚萨埵，金刚萨埵将之锁在了南印度的铁塔中，内有众神护佑，无人能够打开铁锁，只有在佛法不显时，才能择人而传，后来由于印度教在印度复兴的速度很快，佛教抵挡不住，才由大德龙树出山，在铁塔前面念动咒语，以七粒白芥子打开了铁锁，但还是惊动了塔内的神灵，龙树向神灵们介绍了佛教遭遇到的挑战，神灵们这才允许他进入，由金刚萨埵传授秘密法，密法才来到人间，这就是《金刚顶经》的来历。《金刚顶经》是密教两部根本经典之一，现在能看到的有三个版本：一是不空所译三卷的《教王经》，全称《金刚顶一切如来真实摄大乘现证大教王经》；二是施护所译三十卷的《教王经》，全名《佛说一切如来真实摄大乘现证三昧教王经》；三是金刚智所译四卷的《略出经》，全名《金刚顶瑜伽中略出念诵经》。以上三本都称《金刚顶经》，但一般所指的《金刚顶经》为第一本。从经名可以看出经典原本很多，只是从中概略地会集了一部分。首先讲了该经受持者的资格，然后讲如何设坛、念诵、供养等密教事相，是密宗另一系法脉传承的渊源。

以上两部经典的出现，不仅是密宗理论系统化的标志，也产生了密宗最高的两位崇拜对象，即被称为初祖和二祖的大日如来和金刚手。密宗经过长时间的酝酿和集聚，开宗创派的条件成熟，最终成为对中国佛教和世界佛教影响深远的宗派之一。在经典方面，显教的经典主要是经、律、论，而密教则除了经律论以外，还有颂、赞、法、咒、仪轨、瑜伽、契印等；在修行中显教有"行、坐、住、卧"四威仪，密教除此之外，尚需"观想"；在师承传授方面，显教学习比较自由可随处参访游学，而密教的学习则必须随师傅传授、遵守严格仪轨，从初皈依灌顶到金刚上师，都有一定的修习次第，不可越等强求。

密教自公元 6 世纪开始兴起，约于公元 7 世纪在印度占据主流，到 12 世纪佛教在印度衰落的这段时间，大概可以称为印度佛教的密教阶段，是印度佛教发展的继续，是佛教在印度仍有生命力的表现。这一时期密教继续向中国、朝鲜、日本、南洋传播，并且在东南亚等地如印尼、暹罗等扩展了范围，稳固了地位。

密宗的相关经典于 8 世纪大规模地进入中国，在中晚唐成为最受尊崇的佛教宗派，玄宗、肃宗、代宗等几位皇帝和众多皇亲国戚都成为密宗的灌顶弟子。由于密宗得到政治的支持，在一段时间内占据了中国佛教的半壁河山，后因战乱、其自身的传授方式、义理与本土伦理的冲突等原因逐渐没落，在五代之后传承就不是很清晰了，至明清时渐成绝响。另外，11 世纪时，久经混乱的吐蕃地区逐渐安定了下来，迎接来了佛教的"后弘期"，并将印度佛教的最后形式复制到了藏区，并与藏区本土的文化相结合，形成了如今的藏密佛教。

(二) 两部传承

密宗依据两部根本经典《大日经》和《金刚顶经》，建立起不同的修行法门，即胎藏界密法和金刚界密法。因而，密宗前几位祖师弘法时，分为两部传承。

1. 胎藏界祖师

胎藏界密法是密宗的一个流派，它依据密宗的根本经典《大日经》而成立。约在公元 6 世纪末、7 世纪初，密教进入中期发展阶段，在中北印一带流行的晚期持明密教的基础上形成了真言密教，其代表经典为《大日经》。真言密教以续出大乘经典，尤其是《胜鬘经》类的如来藏思想为基础，建立了自己的理论体系，即所谓"菩提心为因，大悲为根本，方便为究竟"

的三句论。同时完善了密法体系，在三部法外又组织了以五方佛为中心的胎藏界密法，增加了瑜伽观想的意密修法。至此，密教的身、口、意三密修法得以完备。真言密教还确立了毗卢遮那佛的独尊地位，即以大日如来为法身佛、密教教主。此派首先在中北印流行，据善无畏的传记记载，公元 7 世纪中叶，中印的那烂陀寺有达摩掬多传持真言密教，声名卓著。

达摩掬多虽然没有列在密宗付法的祖师当中，但据密宗师承的血脉图，胎藏界密法是金刚手传给达摩掬多，他再传授给善无畏，由善无畏传入中土的。关于达摩掬多的身世，最多的记载见于善无畏的传记当中。《宋高僧传·善无畏传》中称，善无畏在那烂陀寺学习时，该寺有一位高僧即达摩掬多，"掌定门之秘钥，佩如来之密印"[1]，看起来只有四十多岁，其实已经八百岁了，善无畏就拜他为师学习密法。有一天，善无畏看见达摩掬多的一个侍者，看起来像中国人，手中持钵，里面的饭食还是有热气的。善无畏非常惊叹，认为这位侍者能够用半天时间往返天竺和中土。达摩掬多后来传授善无畏密法，当时龙神围绕着他们，就像在眼前的一样。善无畏很快就学会了密法的内容，当天就灌顶成为人天之师。

从这个传记中可以看出，达摩掬多和龙智在年龄方面的传说非常相似，空海认为他俩是同一人。又有传记当中说，玄奘法师在那烂陀寺时，也见过达摩掬多。大村西崖依密宗文本认为，龙智在南印度，达摩掬多在中印度，二者不会是一个人。

2. 金刚界祖师

金刚界，藏传佛教称为瑜伽续、瑜伽怛特罗，以《金刚顶经》为根本经典，是一个密宗流派，也是该派密法的总称，亦称瑜伽密教，因为他们注重瑜伽观想，重视内在的禅定体验。它与胎藏界密法并行于 7 至 10 世纪的印度。密宗称《金刚顶经》是由龙树于南印度铁塔中取出，亲受金刚手

---

① [唐]李华：《大唐东都大圣善寺故中天竺国善无畏三藏和尚碑铭并序》，《大正藏》第50 册，第 290 页中。

菩萨的传承。

1）龙树

龙树也译作龙猛、龙胜，是古印度佛教哲学家，大乘佛教中观派的奠基者。许多宗派的溯源都与他有关。关于他的生平，有各种不同的传说。据传他出生在南印度毗达婆国，属婆罗门种姓。幼年曾学"五明"，其后皈依佛教。初习小乘教规，后在雪山一带得大乘经典，他系统地阐述并确立了大乘佛教中观派的理论，深受南印度安达罗王朝的引正王的推崇，晚年住在黑峰山（今哥斯坦河上游），一说晚年住在阿摩罗缚底大塔西北50公里的吉祥山，并传其为王子所杀。龙树著作甚多，据西藏所传为122种，汉译为22种，有"千部论主"之称。其主要著作有：《中论颂》、《十二门论》、《七十空性论》（藏译）、《迴诤论》、《六十颂如理论》、《大智度论》、《十住毗婆沙论》、《大乘二十颂论》、《因缘心论颂》、《菩提资粮论颂》、《宝行王正论》、《龙树菩萨劝诚王颂》等。佛教界一般尊称其为龙树菩萨。

据密宗所说，龙树菩萨鉴于佛教发展出现的衰落迹象，于南印度铁塔之中取出了《金刚顶经》，因而也被尊为三祖。据鸠摩罗什所译《龙树菩萨传》记载，龙树出生于南印度婆罗门家庭，天资聪颖，还在幼儿的时候就能完整地背诵出婆罗门教的四吠陀经典，这些经典各有一万颂，每一首颂有三十二个字，也就是说能背诵一百二十八万字，并且能够领会这些偈颂所包含的意义。龙树到了弱冠之年就闻名各国，天文地理法术图谶独步天下。后来龙树和三位朋友一起施隐身术入皇宫，他的朋友被国王都杀死了。龙树一直躲在国王的旁边，因国王身边七尺之内不能有兵刃，才没有死。他因而也对自己的作为悔悟，决心出家作沙门。龙树出家后，广求世间佛经，用很快的时间就遍读这些经典。龙王知道龙树求读佛教经典的渴望，就把他接到龙宫当中读经九十天，龙树这九十天所读经典已经超过了人世间的十倍，但龙宫的经典还没有读完，后被龙王送到了南印度。龙树出龙宫之后，一直弘扬大乘佛法，南印度诸国都非常崇奉他，到处是为他而立的寺庙。龙树出生在阿周陀那树下，遂以树名，而龙王成就了他，所以用龙配名。

　　鸠摩罗什在《龙树菩萨传》中也提及了龙树的生活年代，即离他生活的年代已经过去一百多年了。僧肇在《百论》的序言中也说，龙树的弟子在释迦牟尼灭度后八百年出世，依此推测龙树大约就是三国两晋时期的人物。密宗对自己的传承谱系有两种说法，若按付法八祖，即大日如来、金刚萨埵、龙树、龙智、金刚智、不空、惠果、空海；若按传持八祖，即为龙树、龙智、金刚智、善无畏、不空、一行、惠果、空海。大日如来和金刚萨埵都是真理人格化的假设存在，经典中佛菩萨和现实世界中高僧大德在思想上是一致的，若要以历史事实论，则不能说是口耳相传，因此密宗也多以龙树为初祖。

　　《两部大法相承师资付法记》中说，《金刚顶经》为大日如来所说，首先传给普贤金刚萨埵，普贤又传给妙吉祥菩萨，妙吉祥菩萨以下又相传十二代，再传给龙树。据党措博士考证，《金刚顶经》是金刚乘的根本经典，既指十八部主要经典的集成，又指在特定的十八次集会时，佛与菩萨所说经典的总称。至公元 8 世纪中叶，该经从最初四千颂的《真实摄经》发展到了十八会。据《十八会指归》载，《金刚顶经》第一会有金刚界、降三世、遍调伏、一切义成就四大品。流传至今的《真实摄经》汉译本通常特指三种：一为唐代开元十一年(723)金刚智所译四卷本，是对《金刚顶经》第一会之《金刚界品》的抄译，经题《金刚顶经瑜伽中略出念诵法》，也即是对《金刚顶经》第一会第一品中念诵法的抄译；二为唐天宝十二年至十四年间(753—755)不空所译三卷本，也仅为第一会之《金刚界品》的译本，称《金刚顶一切如来真实摄大乘现证大教王经》，通常所讲的《真实摄经》多指此译本；三为北宋大中祥符八年(1015)施护所译三十卷本，该本全译金刚界、降三世、遍调伏、一切义成就四大品，称《佛说一切如来真实摄大乘现证三昧大教王经》。据经文记载，《金刚顶经》是毗卢遮那佛以自受用智身于天上人间十四处、十八会所说的关于通过修证"鍐"字法门，来说明一切不可得之实相真理。

龙树

金刚界突出金刚神的地位，给大乘佛教中的每位菩萨灌顶具名，而且称其密法为金刚界，称阿阇黎为金刚阿阇黎，称弟子为金刚弟子，称三昧为金刚三昧。瑜伽密教在修法上三密并举，而更加注重瑜伽的意密观修，在理论上接受瑜伽行派的思想。

2) 龙智

密宗称龙智为其四祖，曾于龙树处受学，此人历史记载不详，有多种传说。但来中土弘法的金刚智、不空都称其密法得自于龙智。按龙树活动的年代三国两晋时期，金刚智、不空来华弘法在 8 世纪，那么龙智就在世间七八百年。《两部大法师资相承付法记》中金刚智称，他亲自在龙智身边学习，得到《金刚顶经》，而龙智是得龙树菩萨传授的。《贞元释教录》中称，金刚智的师父是龙智，已经七百岁，当时还在世。空海称他在长安醴泉寺曾听般若、牟尼室利、南天婆罗门等人说，龙智当时还在南印度传授密法。又有《付法记》援引《慈恩传》中说有一位老婆罗门，自称是龙树的弟子，已经有七百岁，玄奘西行求法时还在他那里停留了一个月，随他学习《百论》，空海则认为此人就是龙智。按照藏传密教的说法，龙智是修成了金刚不坏之身，所以在世几百年。

龙智

龙智的身世就现在的文献而言还是一个谜，大村西崖认为龙智梵名"那伽菩提"，宝觉梵名"啰怛那菩提"，读音相近因而有可能是同一个人。无论如何，龙智在密宗传持八祖中被列为第四位祖师，是入华弘传密法的金刚智、不空的传授者，在密宗中具有非常重要的地位。

二、中土流传

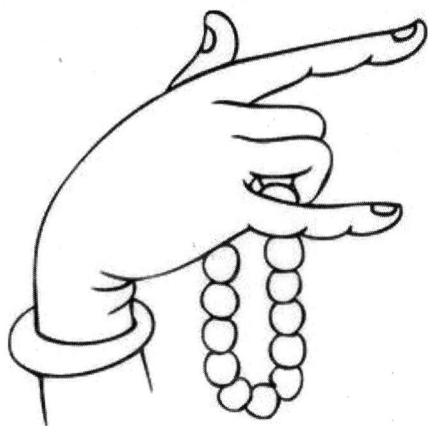

从佛教向中国开始输入的年代，具有密教因素的经典就开始被介绍和翻译，而且在佛教开始输入中国的二三百年中，从域外来中土传法的僧人大都以神异著称。这些神异僧的宗教活动，自称上可护佑国家安危、皇祚绵长，中可祈雨止风、镇魔降妖，下可治各种疾患，乃至能使妇人子嗣繁茂。此类宗教活动以颇具密教色彩的咒术、图谶、法术等形式，吸引信众，传播佛教，也成为佛教在此时期的传播特征。吕建福教授认为，"密教有一个发生、发展和演变的历史过程，经历了原始、早期、中期和晚期四个大的历史阶段。"①他认为密教可以分为陀罗尼密教、持明密教、真言密教、无上瑜伽密教四个阶段。与密教在中国传播的进程相对应，陀罗尼密教在魏晋南北朝时期传入并流行；持明密教在隋唐之际传入并流行；唐中晚期真言密教即密教的真言乘和金刚乘传入并流行，创建了中国佛教密宗；宋辽时期无上瑜伽密教传入并流行。

（一）陀罗尼密教的流传

陀罗尼密教的主要特征是突出陀罗尼万能的思想，以大乘佛教的经典为主要依托。其实早在部派佛教时期，陀罗尼具有神异功能的思想已经产生，其作为与婆罗门教等外道斗法的工具突显出了其特殊作用。在后来的发展中，陀罗尼逐步走向独立，即出现了专门的陀罗尼修持法门和以陀罗尼为中心的经典。三国时期，有关陀罗尼的经典就传入了中土。下面将按照时间顺序，对传播陀罗尼密教的大师及其事迹进行简要的勾勒。

1. 竺律炎

东汉末年即有支娄迦谶译出的《般舟三昧经》，其中有"东向观佛"等说法，大村西崖认为这就是密宗修持中的"观想"，是密法在中土传播的肇始。而三国时期竺律炎所译的《摩登伽经》中，密法因素就非常明显了。竺律炎为中印度僧人，于吴黄武三年(224)来到武昌，黄龙二年(230)译出

中土流传

---

① 吕建福：《中国密教史》（修订版），中国社会科学出版社，2011 年 2 月，第 24 页。

《摩登伽经》。该经《度性女品》中讲了一个故事。

佛陀的大弟子阿难口渴要到池塘边找水喝，正好碰见了一位栴陀罗种姓的女子手持长瓶取水，阿难说自己很渴，能否施舍一点水给他喝。这位女子说："我可以给你水喝，但是我种姓低下，恐怕遭人非议。"在古印度，栴陀罗这个种姓最为低下，在四种姓之外。阿难尊者说："我世尊所讲佛法，一切众生平等，何况各个种姓呢！"女子就给了阿难尊者水喝，阿难喝完水就回到了修行的住所。女子记住了阿难尊者的音容相貌，生起了爱慕之心，日夜思念成了心病，她将自己的苦楚告诉了母亲。她母亲说："你不要担心，我有咒术能让阿难到你的面前来。"这时但见女子的母亲，在自己的家里以牛粪涂地，上边布置白茅草，然后点起大火，里面有一百零八颗妙遏迦花。她开始念诵咒语，并说："若天，若魔，若乾闼婆，火神，地神，闻我是咒，及吾祠祀，宜应急令阿难至此。"她这句话刚说完，阿难尊者就觉得心乱意迷，不能控制自己，没有任何知觉地向她家走去。女子的母亲远远看见阿难尊者走来，对她的女儿说："阿难已经来了，你赶快将房舍收拾整齐，烧香散花，让房子庄严洁净。"女子听到母亲这样说，非常高兴，就照她说的做了。这时只见阿难走了进来，非常伤悲，哽咽着说自己为什么这么不幸，遇到了这种大难。阿难长叹道："大悲的世尊啊，难道您就不怜悯我吗？请您垂怜保护，让我的清净道行不要受到扰害啊！"这时世尊看到了母女俩迷惑阿难尊者的法术，为了解救阿难尊者，就说了咒语："悉掷帝，阿朱帝，阿尼帝。"说完咒语，阿难尊者得救。世尊说以这个咒语，可以消除一切众生的怖畏之心，可以消除他们修行道路上的苦恼。

阿难回到佛陀的身边，佛陀对身边的众比丘说："我这里还有一个六句神咒，念诵这个咒语可以催伏一切邪道。如若世人能念诵此咒，面临刑罚的时候都可以相应地减轻。"佛陀把咒语告诉了弟子们，弟子们都非常高兴。

自从阿难走了之后，那个女子便很伤心，问她母亲阿难怎么不见了。母亲告诉他是佛陀的咒语将阿难带回去了，他的咒术是世间最厉害的，不管是谁都不能胜过他。女子听后，很是失望，于是她开始梳妆打扮，穿着漂亮的衣服去舍卫城的门口等阿难尊者。阿难尊者当时和佛陀住在城外的精舍内，每当吃饭的时候要到舍卫城中去乞讨，因而城门是他的必经之路。果然，女子在城门那里等到了阿难，她非常高兴，阿难尊者走到哪里她就跟到哪里。阿难觉察到了这种情形，非常惭愧，忧心忡忡，回到住所后对佛陀说，"那个女子又来找我，怎么办啊？请世尊慈悲，怜悯救护我啊！"世尊就对女子说："你真的要让阿难当你的丈夫吗？"女子很坚定地说要阿难做丈夫。于是佛陀说："婚姻的事情要经过父母的同意才可以，你回家请来你的父母商量。"女子的父母来后，佛陀问他们对这门婚事同意吗，父母说同意，然后就回去了。佛陀告诉女子，若要以阿难为丈夫，就要学他的衣着打扮，这位女子毫不犹豫地剃了头发，穿上了僧衣。这时佛陀说，"既为我的弟子，就听我来讲法吧。"佛陀先说了戒律等，女子此时已经成为比丘尼。佛陀又对大家说："欲为不净，出要最善。又此欲者，众苦积聚，其味至少，过患甚多。譬如飞蛾，为愚痴故，投身猛焰，而自烧害。凡夫颠倒，妄生染着，为渴爱所逼，如逐焰之蛾。是故智者舍而远之，未曾暂起爱乐之想。"听完这些，女子即能调伏自己的心意，不再为情爱痴迷。佛陀知道比丘尼的心地比较慈软细腻，继续讲了四圣谛，女子听完后马上意识到了自己以前的迷痴，当众悔悟，发愿修行佛法，因为她是初次听闻佛法，就像没有被染色的白纸一样，更容易接受，立时得到阿罗汉的道行。

《摩登伽经》中还有婆罗门咒、刹帝利咒、毗舍神咒、首陀罗咒、大梵天王婆毗多罗咒等八首咒语，是杂密咒术在中国最早翻译的经典之一。

2. 支谦

支谦为大月氏人，字恭明，一名越。东汉末年游学于洛阳，受业于支亮。支亮字纪明，受业于支谶。当时有一种说法，"天下博知，不出三支"，可见他们三人都是博学多才的人。支谦遍读经典，无不深入研究，世间各种技艺也都精通，最重要的是他遍学异书，通晓六国语言。据说支谦其为人细长黑瘦，眼睛中多白而瞳孔精黄，当时人都说他"支郎眼中黄，形躯虽细是智囊。"东汉末年，战乱频仍，他从洛阳南下到东吴避乱。孙权听说他非常有才能，就召来相见，果然名副其实，当时就拜为博士，让他辅导东宫太子。

支谦觉得佛教在中国已经开始风行，但是还有很多经典没有翻译出来，自己既然通晓几国语言，何不就此翻译呢。所以他就开始收集东吴的梵文经典，从黄武元年至建兴末年(221—253)，其间首尾三十余年，译出《维摩经》《大般泥洹经》《法句经》等经典；译出经典僧佑《出三藏记集》记录有三十六部，慧皎《高僧传》记录有四十九部。其中《佛说持句神咒经》《华积陀罗尼神咒经》《无量门微密持经》《七佛神咒经》《八吉祥神咒经》等都是密教经典。

这些密教经典都是说咒语的神力和功能的。如《佛说持句神咒经》中佛告阿难："受是持句咒，执持诵说，佛世难值，持句咒亦为难遇。善男子、善女人，受是持句咒，讽诵读识，七世宿命，受持者一切浮陀鬼神、若人、非人不得娆近。毒蛇不敢螫，毒药自然除，刀亦不能伤，王亦不能害，梵亦不瞋之。是持句咒，七十七亿佛所说，犯是咒者当获重罪。"①可见此咒的功用是为除世间的各种灾难苦楚。《佛说华积陀罗尼神咒经》中佛陀说："有陀罗尼名曰华积，我今当说，为诸天人多所饶益。若善男子，能于华积陀罗尼咒，受持读诵，亲近依行，功德胜彼。是人世世得一闻持，不堕诸恶险棘道中。离诸艰难，常见妙宝，常见诸佛，诸根常具。不生下贱卑隶人家，常得不离菩萨弘心，常得种种无量慧辩，为无量十方诸佛如来之所知见。"②此咒的功用已经超出了世间的功德福报，而解决诸如生死流转中的问题。

3. 竺法护

竺法护，大月氏僧人。他从小就"博览六经，游心七籍"，打下了良好

---

① 《佛说持句神咒经》，《大正藏》第 21 册，第 864 页下。
② 《佛说华积陀罗尼神咒经》，《大正藏》第 21 册，第 874 页下。

的中国文化基础，在他生活的西晋时代，"寺庙图像虽崇于京邑，方等深经蕴在葱外"。"葱外"指的就是葱岭以外，葱岭就是指现在的帕米尔高原。就是说，虽然西晋时期佛教在京城洛阳已经很常见了，但是大家还只是简单地信仰，不明白佛经的甚深含义。故而他下定决心西行西域，万里求师。他游遍西域三十六国，学遍三十六国语言，携带大量佛经回到中土，在从敦煌到长安的路上，他就开始翻译，一生翻译佛经一百六十七部三百六十六卷。主要分为以下几类：第一，般若类经典，如《光赞般若经》，这是对《放光般若经》的再译；第二，华严类，如《渐备一切智德经》，为《华严经·十地品》的早期形式；第三，宝积类，如《密迹金刚力士经》；第四，法华类，如《正法华经》；第五，涅槃类，如《方等般泥洹经》。翻译涉及面广，种类多。杜继文先生认为，竺法护的翻译，颇带有印度瑜伽行派的特点，可能反映了当时瑜伽行派刚刚兴起时的一些观念。中国历史上第一次大规模的佛经翻译活动是由竺法护在长安揭开序幕的。此前洛阳为佛经翻译的中心，南京也有一些翻译，可都是零星的，规模不大。到了西晋时期，竺法护来到长安，在长安白马寺、敦煌寺、西寺等处翻译佛经，所译佛经种类之多，数量之大，前所未有。他翻译出《法华》《光赞般若》《渐备一切智经》《弥勒成佛经》等重要经典。可以说，竺法护是中国佛教史上第一位大规模翻译佛经的人，长安城敦煌寺则是中国佛教史上第一个大规模翻译佛经的地方。竺法护的译经时间几乎贯穿了整个西晋时期，达四十七年之久(266—313)，故慧皎在《高僧传》里这样评价："经法所以广流中华者，护之力也。"[①]所言不虚。竺法护被时人称为"敦煌菩萨"，故而他在长安青门外的住所也被称为敦煌寺。

竺法护译出经典中具有密教因素的有《密迹金刚力士经》《舍头谏太子二十八宿经》《生经》《海龙王经》《持心梵天所问经》《无希望经》《八阳神咒经》《决定总持经》《文殊师利普超三昧经》《诸神咒经》等。其中竺法护

---

① [梁]慧皎：《高僧传》卷一，《大正藏》第55册，第326页。

于太康元年(280)译出的《密迹金刚力士经》,密教色彩最为浓厚。该经中的"其身坚强,犹如钩锁;得金刚旨,致道圣性"①,被大村西崖认为是密教中金刚思想逐渐兴盛的表现。又如金刚力士,名字为密迹,手持金刚杵,侍立于世尊之侧,得到了世尊的许可,演说如来身、口、意三秘密法,被认为可能是后世密宗说三密加持的起源。密迹金刚后来发展成为《陀罗尼集经》中的金刚藏菩萨,再演变为《大日经》中的金刚手秘密主和《金刚顶经》中的金刚萨埵。

4. 佛图澄

佛图澄(?—348)为西晋、后赵时僧人,以神异著名。本姓帛,西域龟兹人。九岁出家于乌苌国,两度到罽宾学法。能诵经数十万言,善解文义。与诸学士论辩疑滞,无能屈者。持戒精严,对于古来所传戒律,多所考校。西晋永嘉四年(310),他本想到洛阳建立寺院,翌年六月因刘曜攻陷洛阳,故潜居草野。永嘉六年二月石勒屯兵葛陂,佛图澄由石勒大将郭黑略引见石勒。后石勒建立后赵政权事澄甚笃,军政大事必咨而后行并尊称为"大和上"。澄常用佛教教义劝导石氏施行"德化","不为暴虐"、"不害无辜",并大力向民间传播佛教。石勒死后,石虎对其更加敬奉。澄学识渊博,天竺、康居名僧竺佛调、须菩提等均不远万里前来从其受学,汉地名僧如道安、法雅等也远道前来听讲。据《高僧传》载,其门下受业者常有数百,前后门徒近万。著名弟子有法首、法祚、法常、法佐、僧慧、道进、道安、僧朗、竺法汰、竺法和、竺法雅、比丘尼安令首等。佛图澄在中国传法三十多年,第一次使佛教参与到政治军国大事中,并使封建统治者将佛教作为信仰崇奉,实现了政治对佛教的扶植。

佛图澄是有名的神异僧,有"大咒师"的美称。他的神异和咒术在政治军事、治疗疾患中经常应验,所以石勒、石虎二人都对他非常敬重。有一年鲜卑首领段波进攻石勒,兵强马壮,军队人数众多。石勒有些害怕,

---

① 《大宝积经·密迹金刚力士会第三之一》,《大正藏》第11册,第42页中。

就去问佛图澄该怎么办。佛图澄说："昨天寺院里的铃响了，说明天吃饭的时候就能生擒段波。"石勒登上城墙，但见段波的军队漫天而来，不见前后，当时吓得脸都变了色，说："段波的军队行进中，山川震动，怎么能生擒他呢？这是佛图澄在安慰我。"就派手下夔安去问佛图澄，佛图澄说，"段波已经被生擒了！"原来是城北的伏兵出去时正好碰见段波，因而擒之。佛图澄建议将段波放回去，把他的军队留下自己用，石勒就听了他的建议。

还有一次，前赵刘载死后，他的弟弟刘曜篡位，改元光初。刘曜派遣从弟中山王刘岳，率领军队进攻石勒。石勒派遣石虎率步骑拒之，大战洛西。刘岳败保石梁坞，虎坚栅而守。佛图澄与弟子自官寺至中寺，刚要进寺门，叹息说刘岳可怜啊。弟子法祚问其原因。佛图澄说昨日亥时刘岳已被活捉了，后来事实证明，佛图澄所言不虚。

后来刘曜亲自率兵攻洛阳，石勒欲自往抵抗，文武百官都劝谏石勒不要亲自前往。石勒拿不定主意就去拜访佛图澄，佛图澄说他听见了相轮的铃音："秀支替戾冈仆谷劬秃"。这是羯族的语言，意思是说"军出捉得曜也"。当时徐光听到佛图澄这样说，还是苦劝他不要前去。石勒就把长子石弘留下，和佛图澄一起镇守大本营。石勒亲自率领部队，直击洛阳，两军才一交战，刘曜的军队就溃败逃亡。乱战中，刘曜的马陷在水中不能动弹，被石堪生擒，押送给石勒。当时佛图澄在手掌中吐了一些东西，手掌中就出现了人物的景象，里面千军万马，很多人用红色的绳子绑住一个人的脖子，这个人正是刘曜，当时正是生擒刘曜的时候。

石勒打败刘曜以后，就自称赵王，后来登基做了皇帝，改元建平。登基之后，对佛图澄更加崇奉。后来石葱要叛乱，当年佛图澄告诉石勒："今年的大葱（暗指石葱）里面有虫子，不能吃，吃了就会害人性命，下令给百姓知道。"石勒就在境内贴出文告，不准百姓吃大葱。到了这年的八月，石葱的反叛迹象终于暴露了。石勒对佛图澄愈加尊重，无论大小事情，必咨而后行，尊称其为"大和上"。

石虎有一个儿子叫石斌，石勒非常喜欢他，忽然有一天暴病而亡。死后两天，石勒对佛图澄说只有扁鹊再生才能救他的命啊，大和上你是神人，快点去说不定能有什么办法。佛图澄取出净瓶杨柳，念动咒语，但见石斌复生，有如常日。自此石勒将他的孩子们全部养在寺院当中，每年的佛诞日都亲自浴佛，为儿子祈福。建平四年四月，天静无风而塔上一铃独鸣，佛图澄告诉大家，他听见铃音是说："国有大丧，不出今年矣。"果然当年的七月石勒死亡。石勒死后，石弘即位，过了不久石虎废掉了石弘，自己登基做皇帝。石虎倾心师事佛图澄，比石勒还要崇奉他。

从佛图澄和后赵石勒、石虎的交往中可以看出，这两位生性残暴的皇帝对佛教的修行义理并没有多大的兴趣，而是将所有的目光都聚焦在佛图澄的神异之上。佛图澄不但可以预言军事战役的胜负，重要人物的生死，更能在掌中观看千里之外正在发生的事情，还能让人起死回生，两位皇帝对他推崇备至。从这些事件中也可以看出，咒术、图谶之类的神异，在魏晋南北朝时期有很大的需求空间和广阔的生存土壤。据说佛图澄服气自养，经常几天都不吃东西。肚子旁边有一个小孔，平时用棉絮塞住，夜里读书时就拔掉，小孔中射出白光。如果吃了饭，就到溪水边，从肚子旁边的小孔中拿出脏腑来清洗。

5. 帛尸梨蜜多罗

帛尸梨蜜多罗，汉译吉友，西域人。当时人们都叫他"高座"，是对他修行的尊奉。据说他是王子，但是放弃了继承王位的机会，让给了弟弟，自己出家为僧，晋永嘉中时(307—313)来到中土，为了躲避战乱南下到建初寺。当时丞相王导一见，非常惊奇地说，这就是我的弟子啊。帛尸梨蜜多罗由此名声大显。他善于咒术，而且多有灵验，并于元帝时(317—323)译出《孔雀王杂神咒经》，据说梵呗流行中土也是他的功劳。他常在石子冈东修头陀行，死后就葬在了那里，成帝为了纪念他高尚的风范就在那里为他修建墓地，后来有僧人在那里修建寺庙，名字叫做"高座寺"。

帛尸梨蜜多罗所译密教经典有《灌顶经》九卷，《大孔雀王神咒经》一卷,《孔雀王杂神咒经》一卷,后两部经已散失。帛尸梨蜜多罗有结界密法,载于僧伽婆罗所译《孔雀王咒经》的后面。灌顶,在梵语中具有驱散、注入、授权等含义,密教的灌顶也分为很多类型,在修法的不同阶段,其意义也不相同。其中最重要的阿阇黎灌顶,就是授权被灌顶人具有传法资格的仪式。结界,就是用密法保护修行的道场不被其他邪恶的东西入侵。帛尸梨蜜多罗以前诸人,或译密教经典,或善于咒术图谶,但是都没有讲到过密教的事相。而他不但翻译有密宗的经典,还讲了如何结界的仪轨、方法等事相部分,因而他是中土第一个将密宗教相、事相结合起来的僧人,在一定意义上,是中土密法流行的鼻祖。

6. 佛陀跋陀罗

佛陀跋陀罗,汉译觉贤,年幼时父母双丧,被亲戚收养,亲戚看他聪明异常,就送去出家为僧。十七岁时和几位同学一起以背诵佛典为业,别的同学需要一月背下来的,他只要一天就可以背下来,他的老师夸赞说觉贤的一天可以顶三十个人的。受具足戒成为比丘之后,觉贤更是努力学习,修业精勤,博学群经,多所通达。觉贤年轻的时候就以禅律驰名,与同学僧伽达多一起在罽宾游学。僧伽达多与觉贤相处了好几年,虽然知道觉贤的学问很深,但不知道觉贤到底是什么境界。有一天达多正在坐禅,忽然看见觉贤走过来,便问他往何处去,觉贤称他要去兜率天宫见弥勒,说完就不见了身影。后来达多有几次见到觉贤的神异之处,便问觉贤到底到了什么境界,觉贤说自己已经到了不还果。所谓不还果,是小乘佛教的四果位之一,即须陀洹果、斯陀含果、阿那含果、阿罗汉果。须陀洹果为初果,亦为初入流,死后还要轮回七次;斯陀含为一还果,死后要做一世天人,然后再到人间轮回一次;阿那含为不还果,在死的一瞬间顿悟了涅槃寂静的道理,立即转为阿罗汉果;阿罗汉果也叫无生果,已经从轮回中解脱,是小乘佛教修行的最高境界。

当时有从中土来求法的僧人智严,到了罽宾后,看见西域诸国佛法兴盛，高僧辈出，就回首向东感叹道：我们中土的僧人虽然有修行佛法的志向，但是没有真正的老师来指导，多么的不幸啊！智严就问当地的人，这里哪位大师的修行最好，大家都一致推荐觉贤。他们说觉贤是和佛陀一个宗族，少年出家时就通解经论，又是著名高僧佛大先的弟子，是最好的人选。当时佛大先也在罽宾，智严找到他以后，他对智严说："可以振维僧徒，宣授禅法者，觉贤其人也！"智严就找到觉贤苦苦相邀，觉贤为其真诚所打动，就答应了。觉贤打点行装，和老师同学们告辞后就开始东行。经过三年时间，度过了严寒酷暑，越过了葱岭，穿越了六个国度，最后来到了现在的广州。

觉贤到了广州之后，就换水路坐船北上。传说途中经过一个岛屿，觉贤对开船的人说，我们去那里停靠，开船的人说现在应该乘着顺风往前赶，就按原来的航线继续前进。走了二百多里，忽然起了一股大风，将船吹到了觉贤先前所指的地方。这个时候大家才意识到，觉贤有先见之明和神异之处，都拜他为师，听他的指挥。后来又有顺风，大家准备要走，觉贤说不要动，然后很快看见先走的船都被大浪吞没了。有一次，很多船都停泊在港湾中，等天亮出发，可半夜的时候觉贤就让大家出发，人们非常不理解，觉贤亲自解开了缆绳，催促大家。后来才知道，半夜来了贼人将停泊在那里的船只全部抢劫一空，不少人因此丢了性命。

觉贤最后在山东青州东莱郡登陆，他听说鸠摩罗什在长安弘法，就不远万里前去会和。鸠摩罗什听到觉贤来了，非常高兴，在译经和修行中两人经常相互切磋。后来，因为有人从中作梗，觉贤对鸠摩罗什在戒律方面的问题有所怀疑，而鸠摩罗什对觉贤的神异也比较不满。觉贤在长安大弘禅法，弟子当中鱼龙混杂，有一个弟子诈称自己得到了阿那含果，四处招摇，而觉贤也没有来得及检视，因而流言四起，诽谤者众多。觉贤僧团中僧人感觉要大祸临头，四散奔走。后来关中早来的僧人，说觉贤预言印度有五艘船前来，现在没有来，是以神异惑众，就让他离开长安。觉贤说自己像一叶浮萍，这里和那里能有什么区别，没有任何留恋，只可惜弘法的抱负还没有实现，遂带着剩下的十四名弟子南下。当时，庐山慧远听到了觉贤被摈的事情，极力邀请他前去。因而，觉贤弘法的地域就转向了南方，先后译出《达磨多罗禅经》二卷，东晋义熙八年(412)赴荆州，其后又到建康(今江苏南京)住道场寺。从义熙十二年到十四年觉贤与法显等译出《摩诃僧祇律》四十卷，同时译出《大般泥洹经》六卷。后又创译《华严经》六十卷，经重校至宋永初二年(421)完成。其所译经论共十三部，一百二十五卷。所译《华严经》对中国佛学的发展影响甚大。觉贤于元嘉六年(429)圆寂，春秋七十有一。

　　觉贤译出密宗相关的经典有《出生无量门持经》，此经为重译，但是补充了前者所缺的八字咒，又讲说了字义。又有《观佛三昧经》十卷，当中有后世密宗部分非常重要的名相、修行方法等。如"四方四佛"最早就是出于该经当中，"……即变化成四柱宝台，于其台内有四世尊，放身光明俨然而坐。东方阿閦、南方宝相、西方无量寿、北方微妙声。"①大村西崖认为，虽然这里的四世佛与后来密宗的四方佛在义理上有差别，但是可以作为密宗四方佛的起源。"观佛法"是念佛或坐禅等修行活动时，想象佛的各种庄严相貌，不同的修行目的有不同的观想方法。该经当中观想修行的方法比以前各经中都详尽，更加接近后世密宗的观想之法。觉贤翻译的《华严经》，当中如胎藏、三句义、四身、神变加持、金刚藏、金刚庄严等后世密宗所用的术语，已经在经中频繁出现。

7. 鸠摩罗什

　　公元 300 年左右，印度一位名叫鸠摩炎的贵族舍弃了宰相的职务，毅然出家并越过帕米尔高原来到龟兹，即现在的库车，被龟兹王聘为国师，他就是鸠摩罗什的父亲。他后来与国王的妹妹结婚并生下了罗什，罗什七岁时和他的母亲一起出家，学习非常勤奋。罗什开始的时候学的是小乘，后来在须利耶苏摩的点拨下发奋学习大乘经论，很快便声名鹊起。公元 379

---

① 《佛说观佛三昧海经》卷九，《大正藏》第 15 册，第 688 页下。

年，道安正在长安译经，苦于翻译人才极缺，听闻罗什大名，极力劝苻坚请罗什入华，苻坚遂于公元 382 年派大将吕光出兵西域。吕光极富军事才能，他到了西域后，灭了龟兹国，将鸠摩罗什掳到了凉州(今甘肃武威)，但是这时前秦在淝水之战战败的消息传来，前秦苻坚又已死去，吕光便将军队驻扎下来观望政局，后决定自立，于 386 年称王，建立后凉，定都凉州。鸠摩罗什也被吕光留在后凉。

公元 401 年，后秦姚兴将后凉击败，将鸠摩罗什迎入长安。鸠摩罗什是中国佛教史上伟大的翻译家，许多流行的经典都是出自鸠摩罗什之手，他开辟了中国佛教发展的新方向，对中国佛教的格局与流传具有深远的影响。

鸠摩罗什虽然是三论宗的祖师，但他翻译的《金刚经》《法华经》都成了其他宗派的根本经典，在他所译经典当中，也有与密宗相关的。如《佛说仁王般若波罗蜜经》，此经当中有《护国品》，说："尔时，佛告大王：汝等善听，吾今正说护国土法用，汝当受持般若波罗蜜。当国土欲乱，破坏劫烧，贼来破国时，当请百佛像、百菩萨像、百罗汉像，百比丘众，四大众、七众，共听请百法师讲般若波罗蜜。百狮子吼高座前燃百灯，烧百和香，百种色花，以用供养三宝，三衣什物供养法师，小饭中食亦复以时。大王！一日二时讲读此经，汝国土中有百部鬼神，是一一部复有百部，乐闻是经，此诸鬼神护汝国土。"①该经在唐代时又由密宗大师不空重新翻译。护国成为密宗在唐代与政治交往中最有利的一面旗帜，护国色彩也成为密宗最重要的一个特征。鸠摩罗什翻译的其他经典如《大树系那罗王所问经》《法华经》中都有咒语出现。又《梵网经》中有释尊在天宫说法的表述，此前所译经典，都为佛陀在世间某处所说。而自该经和《华严经》开始，引入法身佛卢舍那在天宫说法，与后世密教根本经典《大日经》中毗卢遮那佛在金刚法界宫说法颇相类似。

---

① 《佛说仁王般若波罗蜜经》卷下，《大正藏》第 8 册，第 829 页下。

8. 昙无谶

昙无谶，中印度人。六岁的时候父亲就去世了，跟着母亲做编织过生活。有一天母子二人见到沙门达摩耶舍，汉译为法明，不管是出家人还是在家人都对他非常崇敬，而且供养他的东西也非常多。他的母亲觉得法明的生活很好，就让法明收昙无谶做兄弟，法明却收他做了弟子。在法明十岁这么大的弟子当中，昙无谶诵咒是最为出众的，每天能读诵十万字的经典。他最开始学的是小乘佛法和五明诸论，对这些经论的讲解和剖析都非常到位。后来遇到白头禅师，和他辩论佛法。两人所学不同，辩论了很长时间，他虽然在辩论方法和知识方面占一定的优势，但是终究不能完全使白头禅师屈服。他就问白头禅师读的什么经典，禅师将《涅槃经》给他看，他看后才悔悟到原来都是错用心在小乘佛教了。于是他把大家召集起来，当众悔过，并发誓以后专攻大乘佛教。二十岁时，他已经学习了大小乘经典二百多万言。

昙无谶有个兄弟杀死了国王乘坐的白耳大象，国王要将其处死，并且下令有人敢来看或者为其收尸，就诛灭他的三族。其他的亲属都不敢前去探视，只有昙无谶含泪将其埋葬。国王非常生气，要将他处死。昙无谶辩解道："王以法故杀之，我以亲而葬之，并不违大义。何为见怒？"[1]昙无谶的这句话，让国王很是惊奇，认为他是有志气的人，就留下并且给他供养。

昙无谶最善咒术，据说多有灵验，西域人尊称他为"大咒师"。有一次，他跟随国王进山，国王口渴，但是周围没有水，他就念动咒语，只见清流从石中而出。而且他说，这是国王恩泽天下的功德，能使枯石生水。周围国家的人听说了此事，都对国王大加赞赏，而且这一年风调雨顺，百姓也安居乐业。因此，国王对昙无谶愈加恩宠。等到国王过了稀奇的劲头，昙无谶就离开了王宫，往罽宾国去了。

---

① ［梁］慧皎：《高僧传》卷二，《大正藏》第55册，第335页下。

中土流传

昙无谶出发前带了《涅槃经》前分十卷，并《菩萨戒经》等。而罽宾的沙门大都是学习小乘佛教的，不信《涅槃经》所讲的佛法。因而他再向东到了龟兹，不久到了姑臧。他担心所带的经本丢失，晚上睡觉时就将经本放在枕头底下，而晚上有人把经本拽出来，洒在地上，接连三个晚上都出现这样的事情。最后听见空中有人说，这是如来的解脱之经，为何把它放在枕头底下，如此不恭敬？他听后就放在了房子的高处，晚上果然就来了贼人盗窃，但是怎么提拿，经本都纹丝不动，而早上他去拿时和以前一样轻。

昙无谶继续向东，来到河西王沮渠蒙逊的地盘，河西王素来信仰佛法，并在佛教传播中做了很多贡献。沮渠蒙逊听到昙无谶来了，对他十分敬重，听说带来了经本，就请他翻译。昙无谶认为自己对语言的学习还很粗浅，不能轻率地展开翻译工作，就学习了三年语言，才开始翻译《涅槃经》前分十卷内容。当时沙门慧嵩、道朗在河西的威望很高，学识独步河西，昙无谶经典翻译出来之后，慧嵩笔受，文质严密，辞藻华丽，数百僧人一起辩论研究，昙无谶释疑解难，大家都很佩服。慧嵩、道朗就请昙无谶翻译更多的经典，他们拿出了《大集》《大云》《悲华》《地持》《优婆塞戒》《金光明》等经共六十余万言，昙无谶就应众人之请，完成了翻译。但是昙无谶认为《涅槃经》只翻译了一部分，还应该到域外去寻找，将其翻译完备。他就亲自去西域搜寻，值其母亲过世，就在家乡停留了一年。后来在于阗得到了《涅槃经》的中分部分，就又回到姑臧翻译，之后派遣使者找到了最后的部分，将其翻译完备。

昙无谶对沮渠蒙逊说，他看见有鬼出入人们居住的地方，这必然会引起很多灾难。沮渠蒙逊不相信，要眼见为实，他就施展法术，顷刻间沮渠蒙逊就看见了鬼魅。沮渠蒙逊问他怎么办，他说："宜洁诚斋戒，神咒驱之。"他诵咒语三天，就不见这些鬼影了。当时有人看见了很多鬼魅狼狈逃亡的样子，沮渠蒙逊听说后，对昙无谶更加尊奉。后来，沮渠蒙逊派遣自己的儿子去打仗，可是儿子兵败被杀，他认为是佛教护国不力，下令五十岁以下的僧人全部还俗。沮渠蒙逊给他死去的母亲雕造了一尊很高的石像，石像天天流泪，昙无谶说这是他勒令僧人还俗的后果，沮渠蒙逊听后便对自己以前的作为有所悔悟。

昙无谶的神异和法术被北魏拓跋焘听说，就派遣使者到姑臧来，问沮渠蒙逊要人，说如果不给就要大兵压境，沮渠蒙逊没有答应。拓跋焘就封沮渠蒙逊为使持节侍中、都督凉州西域诸军事、太傅、骠骑大将军、凉州牧、凉王，加九锡之礼，并再次提出讨要昙无谶的要求，并夸赞昙无谶"博通多识罗什之流，秘咒神验澄公(佛图澄)之匹。"沮渠蒙逊不舍得将昙无谶交给拓跋焘，但是迫于魏国的强大，他又无计可施。后来，昙无谶说自己要到西域去寻找经典，沮渠蒙逊就很生气，以为他要离开姑臧了。沮渠蒙逊一边假装同意，并给了他路上所需要的盘缠，一边暗中安排刺客，图谋杀害昙无谶。昙无谶向大家告别的时候说，自己的寿命已经到了尽头，后来果然被刺客杀害，死的时候才四十九岁。据说，昙无谶能使鬼治病，而且能令妇人多子。沮渠蒙逊的妻女都向他请求过这样的法术。沮渠蒙逊不想让拓跋焘得到这样神异的人，就派刺客杀害了昙无谶。

昙无谶所译《大集经》中对陀罗尼的功德推崇备至，成为与大乘佛教戒定慧三学一样重要的修行法门。如第一品中说"尔时世尊，以大慈悲怜愍诸法自在功德花子菩萨摩诃萨，升其所奉狮子宝座，欲说一切诸菩萨行无碍法门。具足一切佛法，十力四无所畏。入一切法自在陀罗尼法门，入四无碍智法门，入大神通法门。"[1]尽力渲染陀罗尼法门。又第二品出现了陀罗尼自在菩萨王："尔时世尊，知诸菩萨悉已大集，作是思惟，今日如是善丈夫等，咸欲得知诸法实义，能持如来甚深法藏，欲得闻受诸菩萨行无碍法门。寻放眉间白毫光明，名无所畏，绕诸大众满七匝已，于陀罗尼自

---

① 《大方等大集经》卷一，《大正藏》第13册，第4页中。

中土流传

031

在王菩萨顶上而入。尔时陀罗尼自在王菩萨，承佛神力，化作宝盖。"①并给予陀罗尼自在王菩萨很高的地位，成为向如来请法的菩萨："尔时佛赞陀罗尼自在王菩萨言：善哉！善哉！善男子！能问如来甚深之义，能善行佛无量行者，乃能如汝发斯深问，汝今至心，当为汝说。菩萨若能成就具足如是功德，当于诸法得大自在。世尊，今正是时，唯垂宣说。佛言：善男子，菩萨有四璎珞庄严，一者戒璎珞庄严，二者三昧璎珞庄严，三者智慧璎珞庄严，四者陀罗尼璎珞庄严。"②可见，持诵陀罗尼的功德，已经成为大乘菩萨行中与戒定慧同等重要的科目。

《大集经》中陀罗尼咒语特别多，是对以前翻译的种种咒语的一个大总汇，功能都在守护、除邪等，但是没有后世密宗相应繁杂的仪轨。昙无谶还翻译有《金光明经》，里面也讲如何建立坛城，以获世间种种功德；又有《大方等无想经》，里面有祈雨的陀罗尼咒语，是后世密宗祈雨止风的肇始。

9. 菩提流支

菩提流支，北魏僧人，意译道希，北印度人。他深悉三藏，显密兼通。北魏永平元年(508)携大量梵本经典，经葱岭来到洛阳。宣武帝慰劳礼遇，让他居住在灵太后所建规模宏丽的永宁寺。当时，该寺有印度、西域僧七百人，他是这个译场中的组织和管理者。北魏宣武帝还让菩提流支在紫极殿译经，他亲自担任笔受。

菩提流支除了深明佛理，还精通各地方言且善于咒术。有一回，他坐在井口边，洗澡的大缸里面是空的，弟子还没有来给他打水，"流支乃操柳枝，聊扐井中。密加诵咒，才始数遍，泉水上涌，平及井栏，即以钵酌用之盥洗。"③旁边的僧人看见大惊，都夸赞他是神僧、大圣人。菩提流支说，

---

① 《大方等大集经》卷一，《大正藏》第 13 册，第 5 页中。
② 《大方等大集经》卷一，《大正藏》第 13 册，第 5 页下。
③ [唐]道宣：《续高僧传》卷一，《大正藏》第 50 册，第 428 页中。

这是外国流行的法术，中土的人都没有学习过，没有什么神奇的，不要再夸赞了。当时北印度僧佛陀扇多，汉译觉定，在洛阳白马寺及邺都金华寺译出《金刚上味》等经十部。翻译的时候，也是得到了菩提流支的帮助，后来因为僧团之间产生了流言，他们不再互相拜访学习，分开译经，后人将他们翻译出的经典合在一处。

到天平二年(535)，菩提流支前后 20 余年所译经论，据唐《开元释教录》刊定，有《金刚般若波罗蜜经》一卷、《弥勒菩萨所问经》一卷、《胜思惟梵天所问经》六卷、《深密解脱经》五卷、《入楞伽经》十卷、《大萨遮尼乾子所说经》十卷、《弥勒菩萨所问经论》五卷、《究竟一乘宝性论》四卷(阙本)、《法华经论》二卷、《宝积经论》四卷等共三十部，一百零一卷。据李廓《众经目录》所记，他室内梵本万夹，译稿满屋，他的翻译偏重密教色彩浓厚的瑜伽行派。

菩提流支所译《佛说护诸童子陀罗尼经》说："尔时如来初成正觉，有一大梵天王，来诣佛所，敬礼佛足。"[①]此大梵天王对佛说有十五种鬼"能令人无子，伤害于胞胎。男女交会时，使其意迷乱。怀任不成就，或歌罗安浮。无子以伤胎，及生时夺命。"[②]这十五种鬼分别是：弥酬迦、弥伽王、骞陀、阿波悉魔罗、牟致迦、魔致迦、阇弥迦、迦弥尼、黎婆坻、富多那、曼多难提、舍究尼、捷咤波尼尼、目佉曼荼、蓝婆。大梵天王说这些鬼有的像牛、有的像猕猴、有的像狗、有的像猪，等等，他们能使小孩眼睛向后转、嘴里吐泡泡、天天啼哭不止、自己咬舌头、不肯吃奶、得热病痢疾等，因而请佛陀降伏他们，救救受苦的孩子，还有那些不能怀孕的女人和已经怀孕的女人，因为种种原因不再生育的。因而佛陀就说了保护孩子和随顺妇女生育顺利愿望的咒语。菩提流支所译的还有《深密解脱经》《谤佛经》《入楞严经》等密教色彩浓厚的经典。其中《深密解脱经》与玄奘所译

中土流传

---

① 《佛说护诸童子陀罗尼经》，《大正藏》第 19 册，第 741 页中。
② 同上。

《解深密经》为同本异译，当中释尊说法之处法界殿如来境界处，与后世金刚法界宫类似。这些经典中，还出现了诸如八识、十地、十度等密宗的重要概念。如八识，《佛光大辞典》释义为：瑜伽行派与法相宗五位法中之心法，即眼、耳、鼻、舌、身、意、末那、阿赖耶，共八识。其中眼等六识随所依根而立名；末那识即为意，依其自性而立名；阿赖耶识依摄持诸法因果之义，亦即从自性而立名。或称眼等五识为前五识，意识为第六识，末那识为第七识，阿赖耶识为第八识。又眼至末那乃阿赖耶所生、转易故，总称为转识或七转识；对此，阿赖耶为七转诸法之因，故称根本识、种子识。又有分八识为三能变，阿赖耶识名为初能变，末那识为第二能变，前六识为第三能变。若就其性而言，眼等之前六识以了别为其性，缘色等六境，通善等三性；末那识以恒审思量为其性，乃有覆无记性，唯缘阿赖耶识之见分为自之内我；阿赖耶识为无覆无记性，以微细之行相缘自所变之器界、种子及有根身。地论家以阿陀那(末那识)为妄识，阿赖耶为真识；摄论家则以阿赖耶为妄识，别立第九无垢净识；唯识家则谓识仅限八种，且此诸识皆为依他起性，即非真常净识。

与菩提流支一起翻译过经典的佛陀扇多，也传译密教经典，如《金刚上味陀罗尼经》《无量门经》等。

(二) 持明密教的流传

持明密教的最主要特征是将陀罗尼与手印相配，把陀罗尼密典和大乘契经中的陀罗尼品改编成一种密教经典，宣称虽言语相同但意义殊别，也就是后来的《持明咒藏》。在此基础之上增加供养法、像法、曼荼罗法等，逐渐形成一套完备的密法体系。[1]从开皇三大士到阿地瞿多，标志着持明密教的流行时期。

---

① 吕建福：《中国密教史》(修订版)，中国社会科学出版社，2011年2月，第36页。

1. 那连提黎耶舍

那连提黎耶舍，简称为耶舍。是隋代著名的印度僧人，也是一位佛经翻译家，他一生翻译经典一十五部，八十余卷，约合八十万字。所译经论有《菩萨见宝》《月藏》《日藏》《法胜毗昙》等，这些经典都成为密教史上重要的典籍。

耶舍出生在北印度乌场国，也被叫做乌荼国。乌场国的国王与佛陀来自于同一个氏族部落，同姓释迦。耶舍，十七岁便发愿出家。他开始寻找德高望重的僧人，想要听闻正法。终于在他二十一岁那年受具足戒，正式成为一名出家僧人。耶舍在寺中，经常听到众多老者感叹佛陀的舍利就如珠宝一般，稀有珍贵，色彩变幻不一，美轮美奂。长老们还经常赞叹佛国景色就如同神迹一般，有的佛国食物丰盈，有的佛国衣着富丽。耶舍听闻，甚为欢喜，心生向往，于是暗自发愿，此生定要供奉佛陀舍利，瞻仰佛国胜迹。

出家之后的耶舍专心学习佛教戒律。五年之后的夏天，他自认为自己对佛法已体悟，便胸有成竹，想要去见识一下外面的世界。于是，便开始了他的游学之路。耶舍朝拜了每一处佛陀曾经说法的地方，瞻礼印度各国的佛迹，顶礼每一座寺院，叩拜每一座佛塔。他北上跋涉过雪山之巅，南下游历到斯里兰卡，所到之处，他都虔诚之至，顶礼膜拜。

一天，耶舍朝拜一座名叫竹园寺的道场，寺中的几位高僧大德听闻耶舍游学的事迹，赞叹不已。可是，有一位尊者却不以为然，甚至还劝耶舍放弃他的游学计划："耶舍啊，如果你想要体悟佛法智慧，追求开悟的境界，那么只要静心修行，也许还能证得圣果。你现在虽然游历各地寺院，参拜佛陀胜迹，似乎天天都有所见闻，但你未必都能领悟其中的道理啊。最终反倒是走马观花，没有任何体悟，没有任何成就啊，再这样下去恐怕晚年会一无所成呀。"

耶舍闻之，反观自己的游学经历，深觉尊者的话很是在理。于是耶舍放弃游学，在竹园寺住了下来。他勤勉学习，早晚诵持佛典，阅藏无数。每每越是深入经藏，越觉佛法智慧之广博，于是更加专注于义理。不知不觉那连提黎耶舍已住竹园寺修行了十年。

当耶舍再次回到乌场国之时，他的见闻丰富，学问广博，在同辈之中已属罕见，被视为乌场国最厉害的大学士，受到众多百姓的爱戴。每当邻里为小事争吵之时，耶舍总能为他们讲述相对应的佛法典故，用佛理来安抚大众，化解矛盾与纠纷。耶舍每天凌晨四点就开始礼拜佛陀，日出之后便开始处理相关事务，到八点的时候再用鲜花制作的香水沐浴佛像。

乌场国的佛教氛围非常浓厚。皇宫之中经常设有供养僧人的斋饭，而这些斋饭都是国王和王后亲自劳动的成果。每天饭后，王室成员一起练习武艺，日落之时一同抄经修行，还经常与高僧大德共同讨论佛法，同时不忘与大臣们一起商议政事。入夜之后，国王亲自于佛堂中献灯祈福，时而礼拜佛像，时而读诵经书，只有做完这些日常的功课之后才会去休息。这种虔诚精进的生活方式一直维持了三十年不变。佛陀的加持让国王子嗣成群，个个孝顺懂事，聪明能干，让乌场国代代相传。

耶舍所住的寺庙挨近山冈，有一天，寺庙被突如其来的野火焚毁，僧人们不得不投靠其他寺院，其中六人决定去雪山之北化缘。登上山顶之时，忽见远方出现了两条路，一条路看上去平坦通达，一条路看上去崎岖荒芜，过路的人一般会选择那条平坦的路，殊不知，饿鬼在路上已设下陷阱，意欲迷惑杀害人类。过去曾有圣人在路口处，造了毗沙门天王石像，手指崎岖的道路，帮助众生远离饿鬼。可是，耶舍的一个同伴还是被饿鬼迷惑，不知不觉，误入险路。耶舍发现后，口诵观音咒，孤身进入凶险之路，小跑了一百多米赶上去，却发现同伴已经被饿鬼杀害了。无奈之下，耶舍只能自保，他专心诵念观音咒，观音的法力实在不可思议，让虔诚诵咒的耶舍击退了饿鬼的迷惑，终于脱离危险。

耶舍沿着大路向东，来到了柔然国。柔然国为南北朝到唐初时期盘踞在中国北部的游牧民族之一，往往泛称之为匈奴、突厥。耶舍来到这里化缘，却不巧遇到柔然国忽陷内乱。兵荒马乱之际，耶舍无法西返，于是只好辗转漂流，寻找一个藏身之处。他穿过草原，渡过湖泊，后又一直南下，来到了北齐的境内。

天保七年，公元557年，那连提黎耶舍来到了齐国都城邺城(今河北省临漳县)。此时的耶舍已经四十岁了，他相貌庄严，神态安详，受到人们的尊敬和爱戴。北齐文宣皇帝用殊胜的礼节接见了耶舍，并请他住在天平山寺。在那里，耶舍陆续翻译经书五十余卷，约有五十万字，此举大大促进了佛教在中国的传播。文宣帝特别重视佛法，对佛经甚是珍爱，他下令将佛经供奉于全国的寺院之中，并供养奇珍异宝。身为皇帝，他曾向佛经行大礼以视尊敬，还曾对大臣们说："佛经是佛教宏伟之基业，它是佛教智慧之根本，因此我特别敬仰。"

不久耶舍被任命为玄昭统，这相当于现在的佛教协会会长。耶舍在译经之余，经常口诵佛咒帮助别人脱离苦难，官职所得的俸禄他也全部用于布施结缘。耶舍曾设斋供僧、赈济贫乏、救助病苦，帮助狱因；也曾在闹市凿井，帮助百姓解决用水之急，甚至亲自提水供百姓饮用；又在今河南省卫辉市的西山上建了三座寺庙，景致极美；他还建立福利院，专门收留身有残疾的百姓，给他们食物和衣服，悉心照料；也曾游说突厥使馆的大众，劝其持斋食素，放生牛羊等。

有一次，耶舍病倒，修养了三个月还是没有恢复健康。北齐的皇帝皇后听闻，担心不已，亲自来到寺院看望耶舍。耶舍感叹道："我本他国的客僧，并没有什么德行。只因皇帝崇敬佛法，对我爱戴有佳。今日我卧病于榻上，皇帝您还来亲自看望。我内心感动又惭愧，惶恐交加呀。"

公元577年，北周攻陷北齐，周武帝推崇儒学，继位之后开始了灭佛政策。《历代三宝记》中记载，周武帝"禁佛、道二教，经书、佛像尽毁，并令沙门、道士还俗为民。并禁诸淫祀，礼典所不载者，尽除之"。一时间，北周境内"融佛焚经，驱僧破塔……宝刹伽蓝皆为俗宅，沙门释种悉

中土流传

作白衣"。

　　此时的耶舍只好外披俗袍，内穿法衣，过着东躲西藏、投止无门的日子。社会动荡，战事连连，即使日子艰苦，耶舍仍旧帮助饥苦的百姓，节省自己的食物去施舍黎民；虽然物质贫乏有限，但他慷慨的精神从不减弱。他走到哪里，都因材施教，宣导佛法理论，接引众生正视佛教，切勿被形势所误导。这样的日子一过就是四年。

　　公元 581 年，隋文帝登基，隋朝建立，佛法重新兴盛。史书中记载，隋文帝是极其信仰神明的人。隋文帝刚刚登基，他对神灵的敬畏达到了一个小高潮，极其渴望得到神灵的保佑。此时的中华大地经历数百年的分裂终于又重新聚拢在一起。隋文帝为了在更深层次上统一民心，大力提倡文教。佛教作为一种宗教信仰，此时已有很深的群众基础，因其教义包容，教团随和，成为了隋文帝最喜爱的文化之一，因此佛教得到了隋文帝的大力支持。

　　这时，隋文帝听闻耶舍的传奇故事，甚是欢喜，即传旨恭请那连提黎耶舍进京。开皇二年(582)农历七月，耶舍在弟子的陪同下来到了隋朝京都大兴(今西安市)，安单于隋朝皇家寺院大兴善寺。入冬之后，耶舍重拾心系四年的译经工作，隋文帝也任命出家僧人昙延等三十多位佛学精英组成译经团队，在政策上大力支持译经事业。耶舍在大兴善寺共翻译经论八部二十八卷，约为二十八万字。其译经工作得到了隋文帝的充分肯定，并被隋文帝誉为隋朝国土之内最有学识的外国僧人。

　　耶舍晚年移居大兴城城墙内的广济寺，虽然他年纪渐长，可修持依旧精勤。他经常持诵《舍利弗陀罗尼经》，此经为密教经典，可以让修持者超脱凡界渐入佛国。一日，耶舍诵读此经之后，梦中，忽现自己修成佛果，坐于莲花宝座之上，祥瑞异象纷至沓来。于是，他招来所有的弟子，告诉他们说："我已经年老力衰了，不久就要去世了。今天，我要明确地告诫你们，佛法的智慧千年不遇，既然有幸接触佛法，那就一定要勤奋修行。众生在六道中轮回，此遭投身人间，获得人身，实属不易，诸弟子一定不要荒废人生啊。"说完这句话，耶舍便安然地躺在枕上，了脱了生死。那天，是开皇九年(589)农历八月二十九日，耶舍享年整整一百岁。

传说，有一位善于相面的算命先生，曾端详过耶舍相貌，预言他一定能活到百岁，往生之后会成为富有智慧、无诸烦恼的神仙。按照史书记载，耶舍的确活了一百岁，这和预言相符，所以人们也都在猜测，耶舍到底是否有成就佛道呢？据《续高僧传》记载，耶舍相貌奇特，不同寻常，头顶卷发高高耸起，就像山峰中漂浮着云彩，眉目周正，上下均匀，鼻子端正，耳朵高且耳垂厚。这些长相特征都与释迦牟尼佛神似，凡俗之人很少有这样的相貌。所以唐朝僧人释道宣总结，生得如此端庄之相貌，定是耶舍致力于弘扬佛法之功德所致。

耶舍一生游历五十余国，漂泊四十年，整个里程约为十五万里，约为七千五百公里。所到的每一处圣境佛迹他都瞻仰顶礼，每一座寺院的高僧大德他都恭敬请教。他一生翻译经典一十五部，八十余卷，约合八十万字。所译经论有《菩萨见宝》《月藏》《日藏》《法胜毗昙》等，这些经典都成为密教史上重要的典籍。

2. 阇那崛多

阇那崛多，简称崛多，梵语因陀罗婆陀那，也被音译为德志，是隋代有名的印度僧人。崛多的家乡为印度犍陀罗国富楼沙富罗城，那里在隋代也被称为香行国丈夫宫。崛多俗姓金步，意思是孔雀的后颈，是犍陀罗国的贵族之姓。崛多的父亲叫做跋阇逻婆啰，中文含义为如金刚一般坚韧。其父亲年少时候便有宽宏高尚清廉的气势，后来官居宰相辅理朝政。

崛多一共有兄弟五人，他是其中个子最小的那个。崛多宿命中就有慧根，他从小深受佛法熏陶，尚在孩童时期便想要出家。父母其实已深知崛多的志向，虽然不舍，但也同意了崛多出家的请求。于是崛多便到犍陀罗国的大林寺，剃度削发，出家为僧。当时，寺院里有两位法师，一名叫阇那耶舍，中文意思为胜名，专修打坐禅定之法，已经受过密法灌顶，是一位阿阇黎法师。另一位叫做阇若那跋达啰，中文意思是智慧又贤明，精通经律论三藏，偏向律学。

阇那崛多自从出家之后，尊敬法师，诚心礼佛，通过多年的积累学习，已经对佛教各教派都有涉猎。当时印度尚且有很多佛陀圣迹，崛多便随老师一一寻访圣迹。崛多 27 岁时，已经受戒三年。师徒一行十人，相约一起携手游历，弘扬佛法，便毅然决然地离开了印度。

他们最先到达迦臂施国。古代文典里也称其为迦毕试国，在汉朝时期被称为高附国。此国位于印度西北，即今天阿富汗国的喀布尔谷地一带。东面是西北印度的犍陀罗国，北靠兴都库什山脉，是连接中国、西亚以及北印度的重要枢纽。唐朝时期，玄奘西行途经此地，他在《大唐西域记》中记载，此地异方奇货多聚此国，有寺院百余所，僧人六千余人，多习学大乘法教。在国王迦腻色迦王时代，地广至帕米尔高原以东。当时迦臂施国国内的寺院有佛祖顶骨舍利一片，全国信奉佛教。玄奘西游往返皆经过此国，受到国王之礼遇。

阇那崛多一行来到这里，受到国王的热情接待。国王特别欣赏崛多的老师阇那耶舍，请他在全国讲经说法，并想要将他供奉为国师。崛多一行婉拒之后，继续西行，重新踏上寻游弘法的道路。他们翻越大雪山，天险峻极，十分艰险。随后到达厌怛国，这里地广人稀，生活所需的食物都无法供给。崛多为了生存，违背了具足戒的约束，竭力寻找生存的必需品，供养同行的诸位法师。就这样度过了很长一段艰难的时间，后来传说是多亏了神灵护佑，才幸免于难。

《续高僧传》中记载，阇那崛多曾到达渴槃陀国和于阗等国。渴槃陀国为西域古国，位置约在今新疆塔什库尔干一带，是帕米尔高原的要冲。据《大唐西域记》中载，渴槃陀国国土面积为二千余里，首都以大石岭为基，背靠河流，周围二十余里山岭连绵，谷底少，庄稼少，林树、花果皆稀。那里的人容貌平平，穿着兽皮，性情犷暴，但却个个骁勇。他们淳朴，全国都敬崇佛法。有寺院十余所，出家僧五百余人，学习小乘说一切有部。渴槃陀国皇室的容貌与中国相同，他们头戴方冠，身着胡服。相传其国父是汲取太阳精华而来，国母为中原汉族，所以他们的皇族自称为汉日天种。

于阗国也是西域一重要古国，位于今天新疆和田县，玄奘将其音译为瞿萨旦那。此国临近和阗河，南有昆仑山，是丝绸之路上最大的绿洲之地。那里气候湿润，植物种类多且繁茂。盛产宝玉，自古即以出产美玉而驰名中外。西汉时期，于阗国强盛，成为西域南道中实力最强的国家之一。于阗国是丝绸之路商道上的重要据点，且为西方贸易商旅的集散地，东西文化之要冲，丝绸之路上的文明集合地。于阗国自古即盛行佛教，他们早期信奉小乘佛教。五世纪时，此国开始有大乘佛教的传播。《大唐西域记》中记载此国人性温恭，知礼仪，崇尚佛法，寺院百余所，僧人五千余位。可见当时佛教在西域各国传播之广泛。

阇那崛多一路向西穿越西域各国，他们一路上遭受多次暴雨、狂风、寒冷和大雪的极端天气。但是为了传播佛法，每每遇到艰险，都只是稍作停留，休整身心之后便继续前行，因为他们从来没有忘记弘扬佛法的誓愿。

历经数年，阇那崛多一行终于到达鄯州，也就是今天的西宁。此时已经是西魏大统元年，公元 535 年。虽然一路艰辛，但崛多弘法的信念却更加坚定。他们从印度出发到踏上中国的土地，前后一共经历了三年多的时间。同行的十人之中，只有四人活着走完了这段路。崛多不禁感叹弘法道路之艰险和无常命运的残酷。

北周明帝武成年(559)，阇那崛多同师父阇那耶舍、阇若那跋达啰来到长安，住在草堂寺。师徒四人游历漂泊的生活暂且告一段落，日常温饱有了保障，宗教活动也可以逐渐展开，因此，崛多再登净坛受具足戒，并心诚意正地发愿此生定要致力于佛教的弘传与研究。

历史上记载北周明帝宽明仁厚，敦睦九族，是一名正人君子。他博览群书，善于写文章，且文采出众，是个喜爱文化之人。阇那崛多一行四位印度僧人来到长安，很快就得到了明帝的重视。崛多和师傅阇那耶舍被明帝召入皇宫生活，每日与皇帝一同讨论佛法之要义。可是皇宫毕竟是皇宫，里面等级森严，规矩繁琐，加之皇室亲族众多，来往应酬频繁。虽然是受到特殊礼遇而迎请入皇宫弘扬佛教，但是诸多不便实在让各位僧人有些头疼。阇那崛多试探性地向皇帝请示，希望可以搬出皇宫，找一处清静之地修行佛法，同时也表达了他们想要翻译经典的夙愿。明帝很支持他们的译经工作，甚至建造四天王寺，专供崛多等人居住。入住四天王寺后，崛多便开始了翻译经书的工作，先后译出《十一面观世音神咒经》《金仙问经》等。后崛多被任命为益州僧主，移住在龙渊寺中，又翻译出《观音偈佛语经》。

北周武帝时期，佛寺被毁，众多僧人被迫受爵返俗。但是崛多曾发誓要传播佛法，不肯被世俗皇帝的命令屈服。阇那崛多与两位师傅坚决不还俗，最后被武帝流放，后经过甘州，即今天的河西走廊，进入突厥，没过多久，阇那耶舍与阇若那跋达啰相继圆寂。崛多只能和其他僧人一起，留在了突厥。在突厥的几年，崛多一个人形孤影单。还好北方少数民族的君民信奉佛法，崛多也就在那里继续弘扬佛教。

崛多在突厥遇到了几位中国僧人，他们分别是僧人惠琳、宝暹等。惠琳、宝暹等十余人为北齐僧人，他们于武平六年即公元 575 年，相约前往西域取经。七年之后他们携带梵语真经二百六十部，开始了归国之旅。当他们路过突厥的时候，才听说北齐已被北周所灭，且闲人皇帝北周武帝毁寺灭佛，流放了许多僧人，于是惠琳、宝暹等人只能投靠突厥。因同在突厥，阇那崛多便与惠琳、宝暹等人一同翻译佛经，学习禅法。

公元 581 年，隋朝建立，隋文帝重新大兴佛法。惠琳、宝暹等人听闻更朝换代的消息后甚为激动，先行前往，并于开皇元年冬到达大兴城，即今天的西安市。惠琳、宝暹等立刻开始了翻译经书的工作。第二年春天，惠琳、宝暹向皇帝引荐阇那崛多，隋文帝非常欣赏这位印度僧人，于是在夏天时下诏书，迎请崛多来大兴。可是崛多已经习惯突厥的生活，加之当时突厥也处在佛法崛起的过程当中，崛多便继续留在突厥传播佛法。开皇五年，公元586年，皇帝再次派使臣前往突厥恭请崛多，此时的崛多已经在突厥漂泊十年。皇帝的再次邀请使他甚为感动，崛多经过深思熟虑后，觉得能在乱世中遇到重视佛法的开明皇帝实属不易，于是就随使者一同返回了中原。

此时恰巧隋文帝巡游到洛阳，崛多便直奔洛阳。隋文帝在洛阳接见了崛多，并与他一起研讨佛法。崛多学识渊博，精通佛法，深得隋文帝喜爱。文帝回到京都后，便请崛多前往大兴善寺，协助翻译佛经。当时有大量新得的梵文佛经，书籍众多，经文驳杂，烦乱无章，翻译起来很是艰难。但阇那崛多游历多年，通晓异体字和汉字，了解各方文化，翻译起来得心应手，甚至比以往先辈们翻译的更加精准，抄写校对之人也不用多花力气就能很快完成一部佛经译本，所以渐渐地大兴善寺的疑难问题均以崛多翻译的为准。

隋文帝命众人前往大兴善寺，向崛多学习梵语，协助他翻译经文。这些人中包括著名僧人达摩笈多、居士高天奴、高和仁兄弟等，他们都是后来佛经翻译的重要人才。

自开皇五年到开皇二十年(585—600)，阇那崛多共译出《佛本行集经》《大威德陀罗经》《添品妙法莲华经》《起世经》等经典共计三十七部，合一百七十六卷及梵文古书世典等二百余卷。阇那崛多为中国的佛教翻译事业做出了很大的贡献。开皇二十年，他在长安圆寂，享年七十八岁。

3. 达摩笈多

公元2015年5月14日，印度总理莫迪首次来到中国。他的第一站，就来到位于西安市南郊的大兴善寺。为什么他的第一站来到了西安而不是北京？为什么他要去一个寺院不是其他的风景名胜？这个寺院到底有什么来头能得到印度总理的关注？莫迪曾在这里题词道："我的古吉拉特同乡达摩笈多曾经花费26年时间在这块土地上传播佛教经典和佛教哲学，为这里的人民做出了卓越的贡献。我向为了传播佛法和提升精神而做出巨大努力的你们合十致礼。"原来，莫迪到此是要来看望一位1400多年前的老乡，这位老乡的名字叫做达摩笈多。

2015年印度总理莫迪参访大兴善寺，与宽旭法师留影

达摩笈多，是古印度南部罗啰国人，也就是今天印度的古吉拉特地区。他的名字来源于梵语音译，意思是法密。他俗姓弊耶伽啰，意思是虎氏。印度分为四个种姓阶级，达摩笈多未出家时属刹帝利种姓，是印度社会的统治阶层，可以说是出生于豪门。他为长子，虽然家里还有四位弟弟，但达摩笈多深得父母喜爱，以至于在他表示想要出家修行之时，父母很是反对。但是，达摩笈多热爱佛法，一心想要离开世俗社会，得到清静。于是，在达摩笈多二十三岁的时候，他终于下定决心，离开父母，孤身一人来到了中印度的鞬拏究拨阇城。

达摩笈多来到一所名叫僧伽啰磨的寺院，并在那里落发出家，改名为法密，两年之后，受具足戒，正式成为一名出家僧人。他又在该寺院学习了三年，后来，跟随一位名叫普照的老师去了另一个国家，吃迦国。在那里，达摩笈多受国王之邀请，住在皇家寺院。有一天，他听远游的商人告诉他，遥远的东方坐落着一个大国，或曰支那，或曰真丹，但因为转述的问题，并没有一个明确的名字，只知道"神州"是它的总称。这个去"神州"的种子逐渐在笈多的心里生根发芽，于是，四年之后的一天，笈多毅然离开了故土，与其他六位僧人相伴，开始了一路向东的游学之路。

第一站，他们来到了迦臂施国。这个国家位于喜马拉雅山北麓，是来往商队的必经之地。在那里，达摩笈多和他的同伴从商人的口中得知神州大地三宝兴盛。这更坚定了笈多的信念，发愿一定要亲眼看看这神州的风光。于是在皇家寺院学习两年之后，达摩笈多继续向东挺进。《续高僧传》中记载，笈多前后穿越了五个国家，到达了今天新疆喀什一带的沙勒国。达摩笈多为那里的僧人开示，他主要宣讲了如实论，帮助他们破除外道的思维，指明了佛法的道理是处理世间苦恼的办法。两年之后，他继续东行，最终，来到了著名的龟兹国。

龟兹国是古代西域大国，它坐落于绿洲之上，在今新疆库车一带。龟兹国经济发达，文化气息浓厚，是丝绸之路上最繁华的地段之一。达摩笈多继续为当地的出家僧人讲解如实论，身为印度的僧人，又学富五车，自然得到了当地大众的追捧。碰巧，当时的龟兹国王也很喜欢大乘佛法，在听闻达摩笈多的开示之后，国王心生欢喜，对这位远道而来的僧人更是敬仰万分。国王多次表示，希望达摩笈多可以常驻龟兹，弘法利教。可是国王并不知道，达摩笈多心系华夏已久，并没有想要在龟兹多做停留。

达摩笈多不忍心当面拒绝龟兹国王的好意。于是，有一天，达摩笈多带着另外一位僧人，抄小路，悄悄地离开了龟兹。终于，在两年之后来到高昌国。高昌国位于今新疆吐鲁番东南部，是丝绸之路东西来往之要冲。达摩笈多游历当地的寺院，在那里停留了两年。《续高僧传》记载，达摩笈多到达高昌国时，那里的僧侣们已多会汉语，这成为研究丝绸之路文明交往的重要记载。离开龟兹，他们一行人又至伊吾。伊吾位于今天新疆哈密地区。在那里稍作停留之后，笈多一行人又向西南进发。

哈密南部是辽阔的戈壁滩，达摩笈多心怀对东方的向往，面对没有水没有植被的戈壁并未退缩。他背起经书，毅然走入沙漠。可是，经过多日的跋涉，他还是没有看到人烟。在烈日与高温的摧残下，笈多的身体越来越劳累。这时，同行的僧人提议，分头去寻找生存的希望，一定要找到水源。于是，笈多将经书放在路边，翻越一座座沙丘，渴望可以找到一丝甘泉。然而，奔波寻找并没有结果，笈多的身体愈发虚弱。有一天夜里，他瘫倒在一边，专心持诵观音咒，祈求观音菩萨可以保佑他渡过难关。这时，突然天降大雨，久违的甘露终于让笈多恢复了斗志。他寻回放在路边的经书，继续踏上了求生之旅。其实，此时的笈多早已在沙漠中迷失了方向，他不知道哪里才是沙漠的出口，但凭借观音菩萨的庇佑，他冥冥之中认定了一个方向并一直前行。最终，沙漠的边际隐约出现了一座城市，这是他生命的希望。他终于来到了当时的隋朝边境——瓜洲城，站在了他向往已久的东方国土之上。

达摩笈多达到瓜洲不久，京城传来圣旨，隋文帝迎请他移驾京城。于是，在开皇十年(590)农历十月，达摩笈多来到了隋朝都城大兴(今长安)。他回想着当年一起发愿到此的僧人们，他们或留在途经的城市，或已经不敌病魔长逝于人间，如今只剩他一人到达这片圣地，笈多静默思维，悲喜交加，感慨万千。

达摩笈多身为一位印度僧人，不远万里来到中国都城，又因其会讲汉语，很快得到了朝廷的重用。开皇五年，在那连提黎耶舍圆寂之后，达摩笈多奉旨来到皇家寺院大兴善寺，传讲梵语经文。开皇十年，笈多正式入驻大兴善寺，开始翻译佛经。这也就是为什么大兴善寺成为了印度领导人出访首站的原因。

达摩笈多在大兴善寺翻译佛经时，总能流利地诵出大乘与小乘的经典，而且他还经常论讲经文要义。他在讲述大乘经文的时候，汉地的僧人频频质疑。但是达摩笈多慈悲、随和，心中并没有记恨他们，达摩笈多早已深入佛法，并将佛教包容的智慧体现在言行之中，再加上他长相庄严，做事认真，愿意真心帮助身边的其他僧人一起进步。渐渐地，反对他的人也安静了下来，大家开始接受他的观点。许多与笈多共事的僧人都对他心生钦敬，还未接触他的人都听闻过他的德行，于是，达摩笈多被僧人们推举成译经之首。

隋炀帝继位之后，兴建东都洛阳，对佛教更加推崇，下令在洛水南畔的上林园内，翻修经馆，搜罗洛阳优秀的僧人，希望可以永镇传法。随即，又令达摩笈多与诸多学士一起收集佛经。并常以衣服、饮食、卧具、汤药供奉，让佛法常度众生，致翻译佛经的伟业永世不断。直到后来，隋炀帝朝纲衰败，战事连连，边疆的营垒也硝烟弥漫。翻译佛经的事业也在迫不得已的情况下中断了。

达摩笈多的译经事业开始于开皇年间，一直到隋朝末年，一共二十八载。所翻经论七部，合计三十二卷，约三十二万字。据《古今译经图记》卷四记载，达摩笈多在大兴善寺翻译经书八部，十五卷，分别为《无所有菩萨经》四卷、《护国菩萨经》二卷、《佛华严入如来不思议境界经》二卷、《大集譬喻王经》二卷、《东方最胜灯王如来经》一卷、《移识经》二卷、《大乘三聚忏悔经》一卷、《大方等大云请雨经》一卷。其在洛阳上林园处译经共十部，六十六卷，包括《法矩陀罗几经》二十卷、《起世经》十卷、《大方等大集菩萨念佛三昧经》十卷、《缘生经》二卷、《菩提资振论》六卷、《金刚般若经论》二卷、《缘生论》一卷、《大方等善住意天子所阔经》四卷、《药师如来本愿功德经》一卷、《摄大乘论释》十卷。唐朝贞观内典录记载，公元 619 年，达摩笈多圆寂于洛水河畔上林园。

药师佛在还未成佛之前，身为菩萨，在娑婆世界修行时，曾发十二大愿，愿诸大众都可以离苦得乐，共成佛道。达摩笈多知识渊博，对佛法的理解透彻深刻，他一生致力于翻译佛经，弘扬佛经。就像药师佛的宏愿一般，达摩笈多希望可以帮助信众开悟大乘智慧，他也的确开创了佛教在中国迅速发展的大好形势。

4. 智通

唐初翻译的密教色彩浓厚的经典数量迅速增长，密教思想和各种修行法门迅速崛起，所译经典与之前相比，数量成倍增加，而且密教法门、仪轨等逐渐成熟。许多并非密宗的译经大师，他们译经的种类中，密教经典也占有很大的比例。

释智通，俗姓赵，山西安邑人。隋大业中出家受具足戒，后来一直自称总持寺僧人。他严守戒律，道行高深，博学多闻。智通法师自幼年时就表现出异于常人的聪明，经常有出家游学的志向。后来在洛阳翻经馆学习梵文和印度语言，造诣很高，晓然明解。唐太宗贞观年间有北印度僧带来了《千臂千眼经》梵本，太宗敕令召集天下有通晓梵语的僧人，到翻经馆任缀文、笔受、证义等。智通应召前来，与梵僧翻译经典。高宗永徽四年又在本寺翻译出《千啭陀罗尼观世音菩萨咒》一卷、《观自在菩萨随心咒》一卷、《清净观世音菩萨陀罗尼》一卷等，共四部五卷。智通本是中土僧人，但是精通梵语，是当时翻译佛经质量最高的人。据说他自己的密教修行也很高超，最后不知所终。

智通所翻译的密教经典，是首次介绍密教观音法门的。与净土宗所说观音作为阿弥陀佛的侍者，接引众生到西方极乐世界不同，密教观音中常见的有六观音之说。即六道轮回中，都有一个观音的化身，救度不同的众生。《佛光大辞典》中列举的六观音包括大悲、大慈、师子无畏、大光普照、天人丈夫、大梵深远等。据《摩诃止观》卷二载，大悲观世音破地狱道三障，大慈观世音破饿鬼道三障，师子无畏观世音破畜生道三障，大光普照观世音破阿修罗道三障，天人丈夫观世音破人道三障，大梵深远观世音破天道三障。又日本台密认为化导饿鬼之千手观音、化导地狱之圣观音、化导畜生之马头观音、化导修罗之十一面观音、化导人间之不空羂索观音、化导天人之如意轮观音为六观音。东密则删除不空羂索，另加准胝观音。亦有综合台密、东密二说，称为七观音者。

5. 那提

那提，中印度僧人。年少的时候就出家为僧，博学多闻，四处游学，到了师子国和南海诸国的时候，听闻中土佛法兴盛，就带了一千五百余部经典向长安出发。永徽六年(655)到达长安之后，高宗将其安置在慈恩寺居住。当时，玄奘大师正组织庞大的译场翻译佛经，那提没有贡献力量的机会。后来，高宗派他到昆仑、南海等地寻访长生不老药，到达东南亚一带，当地的国王听闻他的大名，就给他建立了寺庙，让他弘法。但是那提还惦记着自己带来的众多经典，就于龙朔三年(663)返回长安，可是发现大部分经典已经被玄奘翻译过了。他只好从中拣选出了几部还未翻译的，最后只译出了《八曼荼罗经》《离垢慧菩萨所问礼佛法经》《阿吒那智咒经》，之后托说再次采药，就离开了长安，不知所终。

《八曼荼罗经》里面虽然没有咒语，但是说了建立八大菩萨曼荼罗的仪轨，八大菩萨即观音菩萨、弥勒菩萨、虚空藏菩萨、普贤菩萨、执金刚主菩萨、文殊菩萨、止诸障菩萨、地藏菩萨，成为密宗后来八大菩萨曼荼罗的肇始。又《离垢慧菩萨所问礼佛法经》中的五佛之说，大村西崖认为这是后来密宗大日如来居于中央，四方四佛的来由。

6. 玄奘

玄奘大师是千古名僧，也是唯识宗的开宗祖师，他的故事家喻户晓。玄奘所译经典在历代译师中数量最多，而且质量高超。他所译佛经当中，也有密教的经典。如《六门陀罗尼经》《诸佛心陀罗尼经》《大乘大集地藏十轮经》《拔济苦难陀罗尼经》《八名普密陀罗尼经》《胜幢臂印陀罗尼经》《持世陀罗尼经》《诸佛心经》《药师琉璃光本愿功德经》《十一种面神咒心经》《不空罥索神咒心经》《咒心经》《咒五首经》等多部。其中《大般若经》虽然不是密教部的经典，但其中的理趣分，即为密教经典《般若理趣经》的根源，也是密教教理的源泉。玄奘所译《心经》在后世最为流行，最后亦有咒语。

7. 阿地瞿多

阿地瞿多，汉译无极高，中印度人，家世经历都没有详细的记载。他学富五车，修行精严，通晓五明，熟知三藏。永徽三年(652)正月，从西印度带着经典来到长安，高宗安置他在慈恩寺居住。沙门大乘琮等十六人，英公李世绩、鄂公尉迟德等十二人，一起请阿地瞿多于曲江池畔的慧日寺浮屠院建陀罗尼普集会坛。法成之日，屡现灵异，长安道俗都为之惊叹不已。沙门玄楷等恳请他翻译带来的经本，以四年(653)至于五年，在慧日寺从《金刚大道场经》中，拣选重要的部分进行翻译。集成一部名《陀罗尼集经》，一十二卷，玄楷笔受。

《陀罗尼集经》是各种经咒仪轨的总汇，内容分为佛部、菩萨部、金刚部、天部、普集会坛法五类。此经源于中印度那烂陀寺，可知当时那里已经成为密教的中心了。该经当中有佛顶法、金轮佛顶像法、佛顶曼荼罗、药师法、弥陀法、十一面观音法等多种密教修行的法门，是杂密最为完备的一部经典。

三、开宗创派

经过漫长的历史时期，陀罗尼密教在中国逐渐广泛传播开来。这些具有密教色彩的经典和信仰传递着一种特殊的宗教文化形态，具有神秘的意义，与其他类型的佛教文化相互激荡，丰富了佛教文化的内涵，增添了佛教文化的魅力。到了 7 世纪时，印度的密教开始出现重大转型，历史上称作纯密的时代到来了，一种体系完整、结构严密的密教体系就此形成，并迅速传入中国。这一传播的使命主要由三位大师承担，他们就是被称作"开元三大士"的三位印度密教高僧。正是通过他们的努力，并经过他们的中国籍弟子的大力配合，密宗在中国正式形成了。

（一）开元三大士

1. 善无畏

善无畏(637—735)，祖籍中印度摩揭陀国，刹帝利种姓，相传为释迦牟尼季父甘露饭王的后裔，其父名佛手王，为印度东部乌荼国的国王，国王有四子，善无畏是最小的一个。因善无畏德艺双馨，深得父亲的喜爱，后来继承了王位，但引起了兄长们的叛乱，叛乱虽被镇压，但他心灰意冷，看破红尘，毅然出家，将王位让给了兄长。出家之后他远走南印度海滨修习求法，在一个寺庙里修行有所成就，能入法华三昧，因而发誓要聚沙成塔，建造一万座。建塔期间，即使被黑毒蛇咬伤了指头，他也没有退却。后来他随商人的船舶回中印度，在船上密修禅诵，口放白光，海上三天都是风平浪静，日行千里。很快就要回到中印度的时候却遇上了海盗，船上的商人都非常惊恐，善无畏安慰他们不要害怕，佛菩萨肯定会出手相救的，他念动真言，果然有观音菩萨显身。海盗很快被另外一伙流寇奸灭，这伙流寇后来就归诚了，并且带领商船绕过艰难险阻回到了中印度。善无畏进入中印度后，遇见了国王，而王后正是他的姐姐。善无畏衣着与平常人无异，但是身边的人对待他就像对国王一样敬重，国王很是诧异，就问身边的人是什么原因。后来才知善无畏让国出家的缘由，很是感慨，自比不足，

开宗创派

于是就给他很好的待遇。善无畏在中印度遍学三乘，很快名震印度。

善无畏在中印度著名的那烂陀寺出家受戒，拜达摩掬多为师，达摩掬多给他传授密法，他在一日之内就得到了全部精要。学成后他在印度各地参访圣迹，不管有多远，他都能在一日之内往返。他还去鸡足山给佛陀的大弟子迦叶剃头发，见过观音菩萨，后来在灵鹫山结夏安居，有猛兽为其引路带他来到一个山洞，山洞里光亮如昼，有释迦牟尼像，两边的侍者栩栩如生。有一年中印度大旱，请善无畏祈雨，祈雨时见观音菩萨在日轮中，注水于地，大众敬服。善无畏同他的母亲多年未见，母亲以为他已经不在人世，天天在河边哭泣，善无畏得知后就写信安慰她，母亲拿到信以后，眼睛复明如故。

善无畏游遍五印度，看见自佛陀灭度之后，各种宗教思想相互激荡，称外道峥嵘，有九十六个宗派各执自己的见解。善无畏用自己高超的修行和见解，降服了各个外道的邪见，让他们都学习佛法，并且树立佛法经幢，让他们制服自己心中的迷狂，即身观佛。

达摩掬多曾对善无畏说"汝与震旦（即中国）有缘，应往而度之"，所以他不顾自己年事已高，东行入唐。在东来的路上，他先到迦湿弥罗国，路遇一条河没有桥梁，他就腾空飞行而过。有一天善无畏住在一位长者家，有一位罗汉从天而降，说自己是小乘之人，称善无畏为登地菩萨，推崇备至，善无畏就送给他名衣，罗汉升空而去。又到乌苌国，有白鼠每天给善无畏敬献金钱，他在突厥汗庭讲佛法，禅法高超，金色的佛字法语在空中飘舞。突厥汗庭有一位宫女，手里端着牛奶，牛奶突然飞起成为三道注入善无畏的口中，善无畏为众人解释说此人是他前世的母亲。善无畏继

善无畏

续前行，遇见强盗，强盗用刀砍他的腿，砍了三次都没有伤口，只听见刀砍铜的声音。后来到了大雪山，善无畏身体有些不舒服，就见达摩掬多在空中出现对他说道："菩萨身同世间，不舍生死，你久离相，怎么会有病呢？"说罢即飞身离去，善无畏顿时痊愈。到了吐蕃之后，他和商人一起行走，结果遇到了胡人的包围，善无畏施密法，胡人就打消了抢劫的念头，向他请罪。这样一路终于到了大唐的边境，善无畏梦见一位神人对他说，由此向东不是我的地界了。神人顶礼之后就不见踪影。善无畏驮经的骆驼在河州涉水，慢慢地陷了进去，原来是龙王将骆驼拉了下去，善无畏就到水底的龙宫找到龙王，为他演说佛法，龙王开悟，就牵着骆驼送善无畏出来，经书没有沾到一点水渍。

善无畏从印度出发来大唐的时候，名声已经传到了中土，睿宗就派高僧若那和将军史献出玉门关迎接。开元初年，玄宗曾经梦到一个僧人，相貌奇伟，庄严无比，就将他的长相让画师画了下来，等到善无畏来时，竟然发现和画像一样。善无畏于开元四年即公元 716 年到达长安，时年已经80 岁高龄，玄宗对他礼遇有加，为他严饰宫殿，拜为国师，自宁王、薛王以下，都对善无畏行跪拜之礼，先后下敕居住在长安的几个大寺院。当时有一个道人，自称法术非常厉害，玄宗就让他和善无畏在皇宫斗法，道人施展各种法术，善无畏不为所动，道人最后无计可施而落败。随后他带的梵文经典也到了长安，玄宗将这些经典安置在兴福寺的南院。开元五年玄宗让善无畏在菩提院翻译经典，他奏请和其他高僧一起承担这项工作，翻译了《虚空藏求闻持法》一卷，玄宗非常满意，下令将他带来的经典全部进上。后来善无畏和僧一行又在华严寺找到了一些经典，这些经典都是高僧无行西游印度时取得的，但是无行学成归来的路上，不幸在北印度逝世。他们选取了无行这些经典当中原来未曾翻译又有关密教的部分。开元十二年善无畏随驾到了东都洛阳，奉诏开始翻译《大日经》。

善无畏在洛阳福先寺组织译场，由宝月译语，一行笔受，译出《大日经》。《宋高僧传》称该经有十万颂，善无畏择要译出七卷，又由一行删缀成文，文质相半，可见一行对此经的传译做出了重要贡献。《大日经》的译出，是中国佛教密宗开创的一个重要标志。虽然密教经典在此之前传入中土的有很多，但都是以释迦牟尼、观音、文殊为尊，信仰法门的功德都是要成就世间诸愿，也就是说追求世间的功名利禄、福乐安康等。《大日经》的信仰法门专以即身成佛为目的，是之后密宗对中国佛教产生重大影响的开端。善无畏在福先寺还翻译了《苏婆呼童子经》《苏悉地羯罗经》，此二经为说三昧耶戒律，据说非密宗弟子不传，也不能偷看。

　　善无畏译出《大日经》后备受皇帝喜爱，密宗一时发展繁荣，他也被朝廷倚重，有很多神异的故事流传。据说善无畏在寺院铸造铜塔，亲手制成模子，非常精妙，巧夺天工。但是铸造需要很大的火炉，僧人们担心会风大失火，善无畏告诉他们不必忧虑，铸造的当天，阴云密布，天空飘洒着雪花，并没有大风。又一年夏天非常干旱，玄宗派高力士请善无畏求雨，善无畏说这次大旱是定数，不能随意更改，若求雨可能会有涝灾，就和干旱带来的损失差不多了。玄宗非要他祈雨，并说现在这么热，大家心里都闷得难受，就算雨大成涝，能解救大家心里的苦闷也是好的，就派人给他拿去了很多求雨的法器。善无畏对高力士说，他求雨根本用不上这些东西，并让高力士马上返回皇宫，要不然就会被大雨阻隔，高力士听罢就纵马飞奔。善无畏随手拿出一个小碗，用一把小刀在碗里搅动，口念咒语，但见碗里腾起一条小龙，有指头那么粗，瞬间化作一股云气直冲上天，霎时间整座城都被阴云笼罩了，疾风大作，许多大树被连根拔起，高力士驾马刚进宫殿，大雨便从天而降。玄宗叹服，稽首迎接善无畏，再三称谢。又传说善无畏在洛阳的邙山见到一条大蛇，对蛇说你要给洛阳城带来灾难吗？就念动咒语，过了几天大蛇就死去，据说这是安禄山叛乱的征兆。善无畏还有与道宣法师的故事，据说道宣法师见到他后并不以为然，晚上住在一座寺庙，道宣法师半夜把虱子扔到地上，善无畏对道宣说你摔着菩萨了，道宣法师顿时对他心生敬意。

　　另外，善无畏在禅法的修行方面也有著作留世，《大藏经》收《无畏三藏禅要》，讲述了禅法修行的方法。禅为梵语"禅那"的简称，通常意译为"静虑"、"念虑"，即静止散乱心使心住于一境；又禅那与三摩地同意，三摩地译为"定"，二者合称为"禅定"。禅定完全是印度各种宗教共通的特质，单以佛教来说，无论大小乘都以此为中心思想。在佛教中，禅随时代的变迁，渐渐地形式化而失去了其精神，变成文字禅或口头禅。后在梁武帝时菩提达摩来华传"不立文字，见性成佛"的禅思想，并开创宗门，是为达摩禅。圭峰宗密大师认为"禅则有浅有深，阶级殊等。谓带异计欣上压下而修者，是外道禅；正信因果亦以欣厌而修者，是凡夫禅；悟我空偏真之理而修者，是小乘禅；悟我法二空所显真理而修者，是大乘禅；若顿悟自心本来清净，元无烦恼，无漏智性本自具足，此心即佛，毕竟无异，依此而修者，是最上乘禅，亦名如来清净禅。"

《无畏三藏禅要》说明达摩禅与秘密禅的不同："汝初学人，多惧起心动念，罢息进求而专守无念，以为究竟者，即觅增长不可得也。夫念有二种，一者不善念，二者善念。不善妄念，一向须除。善法正念，不令复灭。真正修行者，要先正念增修，后方至于究竟清净。如人学射久习纯熟，更无心想行住恒与定俱。不怕不畏起心，为患亏于进学。"由善无畏言可以看出达摩禅当属四种禅中的大乘禅，而秘密禅是正念集中于境的有相禅。又从"学射"的比喻上看，秘密禅主张渐次修习到达悟境，与神秀之北宗禅类似。虽然南宗主张顿悟，但也不出《无畏三藏禅要》中所描写的禅经验的五种过程，即："一者刹那心，谓初心见道一念相应，速还忘失，如夜电光，暂现即灭，故云刹那；二者流注心，既见道已念念加功相续不绝，如流奔注，故云流注；三者甜美心，谓积功不已，乃得虚然朗彻，身心轻泰，甀味于道，故云甜美；四者摧散心，为卒起精懃，或复休废，二俱违道，故云摧散；五者明镜心，既离散乱之心，鉴达圆明一切无着。"所以，顿渐实无分别，都属于无相禅的范围，都是以无念无想为基调。而秘密禅是不惧起心动念，而以善念或正念集中于事物的对境之上，专念坚持而达到究竟为特质。

开元二十年，善无畏请求皇帝允许他回印度，但是皇帝没有答应，三年后他便去世了。善无畏在世九十九年，十九岁出家，弘法八十年。他主要传持《大日经》及胎藏密法，擅长求雨、咒术，多有灵验，葬于洛阳西山与龙门石窟毗邻的广化寺。善无畏传人有宝思、宝明、喜无畏、一行等人，他对密宗贡献卓著，被尊为传持第四祖。

总体上看，善无畏的贡献主要表现在：第一，所译经典全属于密部，因此与金刚智、不空，并称专弘密法的"开元三大士"，成为汉地真言教的奠基者；第二，在朝廷中拥有很高的地位，对提升佛教地位、维护佛教利益、推动佛教发展和传播起到积极的作用；第三，培养了众多弟子，著名的有宝思、一行、玄超、义林、智严、喜无畏、不可思议（新罗僧）、道慈（日僧）等，为佛教特别是密宗的进一步传播奠定了基础，尤其是密宗在唐武宗废佛（845）以后，中土传承即以衰歇，惟善无畏所传胎藏部密法，后由不空的弟子慧果传于日本空海，而和金刚智所传的金刚部密法相并传习，在日本一直传承至今；第四，他还擅长工巧艺术，相传其自制模型，铸造金铜灵塔，备极庄严。其所画曼荼罗尤为精妙。他的这些技艺手法对于汉地工巧艺术也产生了一定的影响。

2. 金刚智

金刚智（671—741），梵名跋日罗，南印度摩赖耶国人，这个国家靠近观音菩萨的道场普陀洛迦山，其父亲是婆罗门，精通五明，是国王的老师。金刚智在小的时候就能背诵很多婆罗门经典，所看过的宗教义理至老都不忘。长大后，他觉得其他宗教的演说都不能吸引自己，十六岁的时候削发出家，后来跟着他的师父到了中印度的那烂陀寺。在那烂陀寺先学的是《阿毗达摩》，后学戒律，学成后往西印度学小乘诸轮以及三密陀罗尼等佛法，十年间精勤不已，全通三藏，学业大成。后游师子国（今斯里兰卡），听说中土佛法昌隆，受观音菩萨应相指点，说学已成就，可往中国礼谒文殊菩萨，于是经海路过斯里兰卡、印度尼西亚东渡中国。

金刚智来中国的途中，海难多有发生，所以一路走了几年时间。开元八年(720)前后在广州登岸，又到洛阳，于736年来到长安。玄宗先后下敕让他在慈恩寺、荐福寺居住。每到一个寺庙，他必建大曼荼罗道场，为四众灌顶。所谓曼荼罗，就是密宗依据其经典建立的坛城，赋予佛菩萨各种性相，代表宇宙的各种现象，也就是以密宗教义建立起的宇宙缩略图，有时用各种法器象征，多以图画代表。如依《大日经》所建的曼荼罗，大日如来在中央比喻世间一切都是其性相的显现，四方有四佛，分别代表地水火风、东西南北、各色差别，四佛又各有眷属各有象征；又分为几个区域，各个区域内各有佛菩萨、护法神、各种供养神，说明密宗世界观的结构；其外又有天龙八部等部众。总体说明世间一切都是由大日如来演化而出，孕育而来，所以也叫胎藏界曼荼罗。金刚界曼荼罗则依《金刚顶经》建立，胎藏界是从因到果的顺序，而金刚界则是由果到因，相对于胎藏界显示大日如来性德的平等，金刚界显示其理德的差别：金刚界曼荼罗分为九会，图画中表现为九格，也是密宗神祇组织的一个庞杂体系，象征宇宙中各种事物现象；大日如来居于曼荼罗中央，四方四佛并大日如来四亲近，又各有眷属菩萨，共三十七尊，称塔中三十七尊，此会称为成身会，意即修习者的最终目标。从中央的一个开始可以顺转也可逆转，顺转表示修习者的各个阶段，逆转则表示修习的菩萨境地，其余各会或羯磨、或供养，是其修道的体系，也是密宗修行者修习时观想、祝念等的对象。四众一般指出家男女二众和在家男女二众，即比丘、比丘尼、优婆塞、优婆夷，或专指出家四众即比丘、比丘尼、沙弥和沙弥尼。按照金刚智的穿法记载，应该是无论出家在家都一起度化，灌顶意即

金刚智

授予修习密宗法门的资格，并且有获得佛菩萨加持等多重宗教意义。当时高僧大智、大慧、一行、不空都对金刚智执弟子礼，金刚智的影响非常深远。

金刚智经常随玄宗圣驾往复长安洛阳之间，有一年自正月到五月天旱不雨，祈求遍各方神灵都无济于事。于是朝廷下诏让金刚智祈雨，金刚智在地上布坛，坛深四肘，中间供观音菩萨圣像，他告诉众人菩萨像开光的第二日，就是天降大雨的时候。皇帝让一行大师记住他的预言，等到菩萨像开光的第二日，西北方向突然阴云密布，大风飞瓦拔树，大雨如注，尤其是布坛的地方雨更大，雨滴直接穿透了屋顶。一时城内世俗皆惊叹金刚智坛法的厉害，据说下雨时他乘龙穿过屋顶，人们争相去观看。

当时玄宗沉迷于道教，对佛教并不是很看重，又有奏章请求将外来蕃僧悉数驱逐，玄宗就答应了。有一天，玄宗接到金刚智在雁门关的辞别信，才知道金刚智也走了，连忙下诏请他回来。当时玄宗有位公主病重，好长时间不能说一句话，从宫中搬出到别的地方静养。金刚智回来后玄宗请他为这位公主灌顶，意思是治病已经没有什么希望了，希望公主能在来世有好的因缘。金刚智在宫中找了两个七岁的宫女，让她俩睡在地上将嘴封住，又在别的地方念动咒语，回来后两个女孩都能一字不落地念出来。金刚智就开始施法，但见两个女孩又昏睡过去，大约过了一顿饭的时间，两位女孩苏醒过来，对众人说他们去了阴间见了阎罗王，并带去了金刚智法师的法语，阎罗王便让公主的魂魄回来。顷刻间，公主起身说话，玄宗大喜，公主说阎罗王念她思念父母，让她回来再见一面，但是冥数不可改变，只有半天的时间。从此玄宗对金刚智更加尊崇。金刚智让武则天和河东郡王各造菩萨像以保寿命，告诉弟子这两个人都将不久于人世，其后果然，他所预言的事情都应验了。

金刚智自开元十一年（723）于资圣寺开始已经先后翻译出《七俱胝佛母准提大明陀罗尼经》《金刚顶瑜伽中略出念诵经》；开元十八年（730）在长安大荐福寺翻译出《观自在如意轮菩萨瑜伽法要》《金刚顶经曼殊室利菩萨五

字陀罗尼品》，次年又翻译出《金刚顶经瑜伽修习毗卢遮那三摩地法》《千手千眼观世音菩萨大身咒本》《千手千眼观自在菩萨广大圆满无碍大悲心陀罗尼咒本》《不动使者陀罗尼秘密经》；开元二十八年翻译出《大乘瑜伽金刚性海曼殊室利千臂千钵大教王经》。

　　在金刚智所译经典中，除《金刚顶经》为密宗根本经典外，《千手千眼观自在菩萨广大圆满无碍大悲心陀罗尼咒本》（即《大悲咒》）对中国佛教影响深远。伽梵达磨译《千手千眼观世音菩萨广大圆满无碍大悲心陀罗尼经》提到了观音说此咒语的因缘以及咒语的来历，经文中以观音的口吻来说明咒语的合法性，言："世尊！我念过去无量亿劫，有佛出世，名曰千光王静住如来。彼佛世尊怜念我故，及为一切诸众生故，说此广大圆满无碍大悲心陀罗尼。"①并在完整咒语之后对咒语的功德、威力和信仰者使用咒语的方法进行了宣说，最后以日光菩萨、月光菩萨等与会菩萨，摩诃萨、金刚密迹、梵、释、四天、龙、鬼、神作为印证。从内容本身来看，印度的《大悲咒》经典已经是一个很完整的佛经，具有内容上的完整性和独立性。对其信仰形式，可从不空译《大悲心陀罗尼修行念诵略仪》进行分析。《大悲咒》的修持者，首先要进入密教灌顶道场接受灌顶仪式，发心，并从密教导师亲受念诵法则。之后的修持中要选择专门的静室，建立专门的密教坛场，依据详细的规则和方法进行修持。在具体的修持法则中，除了对程序的说明之外，对每句咒语所对应的手印、观想的对象乃至功德威力都有详细的解说。如《大悲心陀罗尼修行念诵略仪》中载：

　　以二手虚心合掌，开二头指屈辅二中指上节，二大指屈辅二头指下节，其印即成。置印当心，想于如来三十二相八十种好，了了分明如对目前，至心诵真言七遍。真言曰：唵怛他誐妒那婆(二合)嚧野沙嚧(二合)贺。由此印及诵真言故，即惊觉一切如来悉当护念加持行者，以光明照触我身。所有罪障皆得消灭，寿命延远福德增长，佛部圣众拥护欢喜，生生世世离诸

① 《千手千眼观世音菩萨广大圆满无碍大悲心陀罗尼经》，《大正藏》第20册，第106页中。

恶趣，莲华化生，速证无上正等菩提。次结莲华部三昧耶印。以二手虚心合掌，散开二头指二中指二无名指，屈如莲华形。安印当心，想观自在相好具足，诵真言七遍，于顶右散印。真言曰：唵(引)钵那么(二合)捺婆(二合)嚩野娑嚩(二合)贺。①

由此可见，《大悲咒》的修持具备灌顶、导师亲授、建立专门坛场，依据严格的法则和身、口、意三密相印的基本形式等，有一整套进行修持的程式。因此可以说，在印度以《大悲咒》为核心的信仰形态，是作为密教中一个法门而出现的，其已经具有完整独立的经本和相对应的修持形式。从典籍的完整性来看，古代印度《大悲咒》信仰形态在其密教体系中也形成一个独立的修持法门。而传入中国之后，以《大悲咒》为中心的信仰形态其原本的内容和形式并未得到中国人的青睐和承传，而是通过融汇和改造，以迎合了中国人兴趣的方式得以广泛流传，时至今日依然十分流行。

完整的《大悲咒》经典是随着唐代密教向中国传播的过程而被传译的。核心经典主要有：唐代伽梵达磨译《千手千眼观世音菩萨广大圆满无碍大悲心陀罗尼经》一卷；唐代不空译《千手千眼观世音菩萨大悲心陀罗尼》一卷、《大慈大悲救苦观世音自在王菩萨广大圆满无碍自在青颈大悲心陀罗尼》一卷；唐代金刚智译《千手千眼观自在菩萨广大圆满无碍大悲心陀罗尼咒本》一卷。其中，后世最流行的是唐代伽梵达磨译本。相关修持仪轨有：唐代不空译《大悲心陀罗尼修行念诵略仪》一卷，唐代善无畏译《千手观音造次第法仪轨》一卷。除此之外，相关经典也为数不少，主要有：唐代菩提流支译《千手千眼观世音菩萨姥陀罗尼身经》一卷、唐代智通译《千眼千臂观世音菩萨陀罗尼神咒经》二卷、唐代金刚智译《千手千眼观世音菩萨大身咒本》一卷等。

《大悲咒》的主要品格在伽梵达磨译《千手千眼观世音菩萨广大圆满

---

① 《大悲心陀罗尼修行念诵略仪》，《大正藏》第20册，第127页中。

无碍大悲心陀罗尼经》中以佛的口吻进行了宣说："佛告阿难：如是神咒有种种名。一名：广大圆满，一名：无碍大悲，一名：救苦陀罗尼，一名：延寿陀罗尼，一名：灭恶趣陀罗尼，一名：破恶业障陀罗尼，一名：满愿陀罗尼，一名：随心自在陀罗尼，一名：速超上地陀罗尼，如是受持。"[①]

关于修持《大悲咒》的功德，经中表述为，得十五种善生，不受十五种恶死。不受的十五种恶死：一，不令其饥饿困苦死；二，不为枷禁杖楚死；三，不为怨家雠对死；四，不为军阵相杀死；五，不为豺狼恶兽残害死；六，不为毒蛇蚖蝎所中死；七，不为水火焚漂死；八，不为毒药所中死；九，不为蛊毒害死；十，不为狂乱失念死；十一，不为山树崖岸坠落死；十二，不为恶人厌魅死；十三，不为邪神恶鬼得便死；十四，不为恶病缠身死；十五，不为非分自害死。所得的十五种善生：一，所生之处，常逢善王；二，常生善国；三，常值好时；四，常逢善友；五，身根常得具足；六，道心纯熟；七，不犯禁戒；八，所有眷属，恩义和顺；九，资具财食，常得丰足；十，恒得他人，恭敬扶接；十一，所有财宝，无他劫夺；十二，意欲所求，皆悉称遂；十三，龙天善神，恒常拥卫；十四，所生之处，见佛闻法；十五，所闻正法，悟甚深义。

《千手千眼观世音菩萨广大圆满无碍大悲心陀罗尼经》所说不受的"恶死"和所得的"善生"，关注到了信仰者的方方面面，"恶死"强调了信仰者的社会生活、自然灾害、病苦等，"善生"强调了信仰者所处世界以外的时空、地域的美好和个人身体的健康、心灵的崇高。《大悲咒》的功德不仅强调闻正法、悟真义、成正果，大量的功德述说更强调对信仰者现实苦难的救度。这种现实苦难在一定的时空地域中产生，并决定于人的身体和心灵；这种现实苦难涉及社会生活、自然灾害、病苦、社会灾变等方方面面。从上文引述的《大悲咒》的主要品格进行分析，密教《大悲咒》与大乘佛教的基本思想和根本精神相一致，即以"无碍"、"圆满"的本性为前提，

开宗创派

---

① 《千手千眼观世音菩萨广大圆满无碍大悲心陀罗尼经》，《大正藏》第20册，第110页上。

通过"救苦"、"延寿"的召感，以"破障"、"满愿"的修行，达到"自在"、"速超上地"的成佛目标。《大悲咒》以密咒神力的方式，本着佛教对苦之认定和对苦之救度的基本逻辑，对现世进行关注，涉及现实苦难的各个层面；以众生自在佛性为前提，从救度到成佛，从破障到圆满，完全符合大乘本怀。可以说，《大悲咒》所宣扬的信仰体系和精神实质是以观音为代表的大乘菩萨思想在印度密教体系中的显现。这种显现也成为密教在中国汉地衰微之后，《大悲咒》作为系统性的忏法、非系统性的仪式环节、简易通俗性的课诵持念等广泛进入中国大乘佛教各领域的根本原因。

从现有史料来看，《大悲咒》密法从唐代开始进入中国汉地大乘佛教的各个宗派。其主要原因有四个方面：第一，伽梵达磨、不空、金刚智的译本将《大悲咒》经典、咒本、仪轨等完整地介绍到了汉地。第二，唐代开元三大士入华译经传法，密教经典和金、胎两界密法的信仰修持体系被完整地传入了中国，使之前由各密法经典杂本和大乘经典中的密法咒语所支撑的所谓杂密的信仰形态，转变为由系统的密教思想、崇拜体系、修持体系和经典体系所支撑的汉地密教系统。密宗的建立和宣扬促进了《大悲咒》密法的传播。第三，在佛教向中国传播、激荡、兴盛的过程中，观音信仰以其大悲救难的核心品格得到了佛教各派系及社会各阶层的认可和信仰，而《大悲咒》继续彰显观音菩萨的核心品格，很容易被认可和推广。第四，宋代《大悲忏仪》的出现以显密圆融的方式，将《大悲咒》内化入大乘佛教的修行信仰体系。随着密教的衰微，密教系的观音信仰逐渐淡化为历史的记忆，而与密教其他密法相比，《大悲咒》却广泛地融入了汉地大乘佛教的各领域，在各种信仰和崇拜的观念和仪式中存在和推广。由此，《大悲咒》呈现出四个方面的信仰形态：《大悲咒》忏法、佛教仪式中的《大悲咒》、净土信仰中的《大悲咒》和《大悲咒》神力感应。

金刚智主要传持《金刚顶经》及金刚密法，擅长求雨禳灾、灌顶度人，效果显著，王公士庶无不敬仰，中国民间也一直津津乐道于金刚智与道士叶法善斗法的故事。金刚智培养出了不空、一行等著名弟子，法脉兴盛，为密宗的最终形成打下了基础。金刚智于 741 年灭度，玄宗特谥予"灌顶国师"的称号，被密宗尊为付法第五祖。

综上所述可知，金刚智在华的主要贡献表现在：第一、在华翻译和弘扬印度密教经典，并积极进行密教的实践，后世称其为印度密教付法第五祖，中国密教之初祖；第二、与印度和中国唐皇室以及上层官僚均有密切交往，推动了佛教在上层的传播，巩固了佛教的社会地位；第三、提倡观音和文殊信仰，推动了菩萨信仰在中国的进一步传播；第四、培养了一大批佛教弘法人才，门下著名弟子有不空、一行、大智、大慧、慧超、义福、圆照等人，其中不空被后世称为中国密教的二祖，一行也成为中国佛教密宗的主要创始人之一。

3. 不空

不空（705—774），全称为不空金刚，法名智藏，与鸠摩罗什、玄奘、义净并称佛教四大翻译家。出生于北印度，自幼迁到中国甘肃河西地区生活，十五岁左右师事金刚智，尽得其妙，天宝元年（742），不空从海路到今斯里兰卡求法，天宝五年（746）回国，在岭南韶州弘法四年，后于天宝十二年（753）应河西节度使、名将哥舒翰之请，北上武威弘法，天宝十四年（755），安史之乱爆发，不空奉太子令入长安，敕住大兴善寺，在京城陷落之时仍与王室保持密切联系，叛乱平息后获得肃宗的高度信任。不空在代宗朝以大兴善寺为中心，度僧授戒、译经传法，翻译了大量的佛典，尤其是密宗佛典，成为与鸠摩罗什、玄奘、义净齐名的佛教四大译师之一，密宗也在不空时期达到了极盛时代。不空在弘扬密宗的过程中，得到了唐王朝的大力支持，这些都是他积极展开的政治交往取得的巨大成果。

不空传法得到了帝王的直接支持，这与不空和唐朝政治人物的交往密切相关，如若没有政治人物在人力财力上的支持，没有重要人物在朝野中的推介和庇护，不空也难以取得"冠绝今古"的成绩。不空在其佛法可借政治光大的思想指导下，作为高僧的他依傍权贵交结富有，都为其弘法建立了良好的基础，在这方面最具代表性的是与刘巨鳞、哥舒翰等人的交往。

1) 不空与刘巨鳞的交往

天宝元年不空带领弟子含光等人取道广东前往师子国求法，行至南海郡因船舶未至而作逗留。此时南海郡采访使刘巨鳞再三请求不空灌顶传法，不空便在法性寺建立道场灌顶度人。不空与刘巨鳞的结识交往是不空一生中的大事，不空在南海郡传法数月之久，《大唐故大德赠司空大辨正广智不空三藏行状》载"因刘公也，四众咸服，度人亿千"，其自身及诸弟子供养是小，而道场中法事供奉施舍供养的财力必全赖刘巨鳞之力。《行状》载不空登舟时"采访以下，举州士庶，大会陈设，香花遍于海浦，螺梵括于天涯，奉送大师，凡数百里"。由此足见刘巨鳞对不空传法活动的支持力度。而在不空临行前，《宋高僧传》载刘巨鳞又以特殊的身份警告类似船长的蕃客大首领说"今三藏往南天竺师子国……国信等达彼，无令疏失"。《行状》载"次达海口城，师子国王遣使迎之。大师见王，王大悦，便请大师住宫，七日供养。每日常以真金浴斛，满贮香水，王为大师躬自澡浴"①，此记载难免有偏颇夸张之处，但不难看出师子国国王至少用礼遇大唐使节的规格对待了不空，这很可能与刘巨鳞在南海郡对待不空的态度有关，同船而往必有师子国人误以为其为大唐使臣。不空在初次体会到依傍政治的好处时，万万没有想到七八年后会因结交刘巨鳞险些惹来大祸。这件事情就是不空传法事业的低迷期，史称"养疾韶州"。天宝八年不空已经打开了中兴密宗的局面，但是突然一个晴天霹雳，玄宗敕其"许归本国"，也就是驱逐出境的委婉说法。《行状》虽对此事有记载但语焉不详，究其原因也许是在刘巨鳞贪赃案中，不空因与他交往频繁而受牵连，刘巨鳞被依律处以死刑，不空则被勒令出境。然而此时不空已经是帝师，而且在朝中与显贵多有交情，即使受刘巨鳞贪赃之财的供养也不至于被驱逐出境，所以使玄宗震怒的有

---

① [唐]赵迁：《大唐故大德赠司空大辨正广智不空三藏行状》，《大正藏》第 50 册，第 292 页中。

可能是刘巨鳞为不空前往师子国时的使节身份所做的手脚。后不空推诿在途中染上疾病，便在韶州暂住。

2）不空与哥舒翰的交往

不空与哥舒翰的交往是其一生中的转折点。天宝十二年，时任河西节度使的哥舒翰据吐蕃有功而得意于玄宗，他上奏请不空为战事祈福，得到恩准，史称"请福河西"。至此，不空结束了四年之久的流放生涯，重新走上了他政教相辅的道路。是年，不空便北上长安西至河西，在哥舒翰处得到一切应有的供养，更重要的是在此期间他又结识了封常清、田良丘等朝廷重臣，而且与太子李亨也有了往来。作为密宗高僧他得到如此机遇之后便大事弘扬密法，翻译经典、灌顶度人，对西域密教的发展影响极大。史载不空"译佛经，兼开灌顶。演瑜伽教，置曼荼罗。使幕官僚，咸皆谘受"，两年之间，"节度使以下，至于一命，皆受灌顶。士庶之类，数千人众，咸登道场。"[①]如此一来，不空营造出了良好的政治氛围，为借政治之力传播密教奠定了基础。至安史之乱玄宗幸蜀皇太子监国时，不空便开始了他一生的辉煌时期。

3）不空的政治抉择

天宝十四年七月的安史之乱是唐代历史上的一件大事，也是中国历史上的一件大事，安史之乱后强盛一时的唐王朝逐渐走向衰亡，是我国历史中封建王朝由盛向衰的一个转折点。不空生遇此时，而且因特殊的关系参与了这个大的历史事件，从中表现出了他独具的政治眼光和忠君护国的思想。不空的人生经历和成长环境对他的政治理想影响极大，他在浓厚的儒家文化中成长，所以值此事件发生时他的政治立场肯定会倒向代表正统的李氏王朝。当时玄宗幸蜀，皇太子北上，他身陷长安，考虑到要继续弘法大事就应该及时地做出政治抉择。在此危急关头，不空以睿智的政治眼光

---

① [唐]赵迁：《大唐故大德赠司空大辨正广智不空三藏行状》，《大正藏》第 50 册，第292 页中-下。

分析局势，毅然选择继续支持李氏王朝。在支持李氏王朝的具体问题上，不空选择了拥兵北上的皇太子而不是幸蜀的玄宗，原因之一是因为不空弟子含光等人随侍在肃宗左右，但更重要的是不空已经看到了政治发展的局势更有利于肃宗而不是玄宗。

不空选择了李氏王朝时为皇太子的肃宗后，与肃宗书信往来密切，常为肃宗出谋划策，当时之事无非收复两京和及早登基。《行状》称"至德中，銮驾在灵武、凤翔。大师常秘使人问道，奉表起居。有频论克复之策。肃宗皇帝亦频密谍使者到大师处，求秘密法。并定收京之日，果如所料"[1]，由此可见不空业已成为肃宗的患难之交，而且成为肃宗政治前途的精神支柱。此间不空除敬献佛经、上表问安之外还为肃宗预说未来，所以肃宗还朝后就认为登基、平叛不空是功不可没。平定战乱之后，肃宗深信不空所传密法，而且于乾元中召不空入皇宫建立道场诵持密法，两人之间的礼物互赠更是常有往来。由此，经安史之乱后不空和密法都深得肃宗崇信，密宗的兴盛和不空弘法事业的辉煌也可以说得益于这场战火。

4) 宗教领袖地位的确立

皇帝作为封建王朝的最高统治者，对事物的认知直接影响到其发展。不空历经玄宗、肃宗和代宗三朝，得到了这三位皇帝的特殊礼遇，这是他事业能够取得辉煌的关键。玄宗是其灌顶弟子，如若不然在刘巨鳞案中不空难辞其咎，更不可能再一次被允许为国效力。但因善无畏、金刚智二人已不在世，密教思想流行的唐代社会能起到号召作用的高僧也只有不空，所以在哥舒翰上书朝廷请其请福河西时玄宗只好应允，如果还有一位能与不空相提并论的密教高僧，不空很可能就终老岭南了。由此也可以看出不空在玄宗时虽不是公认的宗教领袖，但其地位和势力在宗教界已是无人能及。到肃宗时，不空与皇帝的交往更进了一步。安史之乱时不空为肃宗出

---

[1] [唐]赵迁：《大唐故大德赠司空大辨正广智不空三藏行状》，《大正藏》第50册，第292页中-下。

谋划策不说，至战乱之后不空上《贺收西京表》：

> ……窃闻惟天为大，非元圣无以顺天行诛；惟王法天，非兴王无以代天育物。伏惟陛下功超立极，道冠混元。缵尧宝图，复禹丕绩。自顷元凶已殄残孽犹迷，陛下义待倒戈。恩先善贷，暂劳貔武，永灭豺狼。自京辇肃清楼台望幸。陛下俯从人欲，克叶天心。山川不移。园苑如旧。今銮舆既降，圣政惟新……①

表中为肃宗的登基制造理论，说肃宗是元圣、兴王，才能平定战乱君临天下，更是把肃宗比作尧之德、禹之功。与此相应的是肃宗对不空的扶持，凡是不空所请肃宗大都应允，肃宗在至德二年为表示对其尊崇不再称其名而已灌顶密号不空相称。乾元三年，肃宗敕准不空在大兴善寺为国家建立灌顶道场，至此，不空在宗教界准领袖的地位已经确立，无其名而行其实。给不空宗教领袖正名的是代宗皇帝，永泰元年，代宗让不空做了鸿胪卿的正二品文散官，完全确立了不空宗教领袖的地位。代宗就是不空所译《王法政论经》中的仁王形象，而且不空所奏译经造寺、举行法会等事代宗无一不允。大历九年，不空示疾，代宗再三垂问并使名医前往探视。不空圆寂后，代宗为之缀朝三日，后人为此感叹不已。

5）不空作为宗教领袖的政治交往

不空在代宗时其实际职责已经不仅限于帝师，而是与文武官员一样履行朝臣的义务，至此他受业佛法、身兼皇命一身两职。在博大的佛法中他苦学精进，在变幻巨测的宦海沉浮中他也能沉着应对。虽然他深得三朝皇帝的垂青，但在官场中他还是上下打点疏通关节，皇室的重要人物、王子公主尽罗入其势力范围内。其他重要朝臣单以功德使李开府为例，功

不空

---

① 《代宗朝赠司空大辨正广智三藏和上表制集》卷一，《大正藏》第 52 册，第 827 页上。

德使负责监察宗教活动，是沟通朝廷和宗教界的重要职位。不空在遗书中说"俗弟子功德使李开府，依吾受法三十余年，勤劳精诚，孝心厚深。河西南海，问道往来，净影鸿胪，躬亲供养"①，由此可见不空与李开府的关系并非一般，能得到皇帝的大力支持少不了李开府的功劳，因此不空叮嘱后人"院中师僧，开府往来捡校，如吾在日，务顺安存，上下和睦"。这是对李开府多年来对自己事业支持的感激，也是对后来者继续依傍政治的开示。

6) 不空的政治作为

不空政教互扶思想最终的实现，使唐当时政治尤其是代宗朝出现了政教难分的局面，后人虽将此时划到不空辉煌的弘法时期，但由于他特殊的身份和与政治阶层特殊的关系，任何动向和偏重都会影响到一国宗教大事，且因皇帝重臣、士人庶子咸皆信奉的现实情况，不空的每次决定都有可能影响到政局的变化。封国公爵位、赠司空官衔虽是不空晚年之事，但其以二品鸿胪卿之位行事多年，在本有的君臣之念影响下，弘法事业和管理一朝宗教政务已经合为一体。《行状》载："《仁王》、《密严》二经，皇帝特制经序。敕命颁行之日，庆云大观，举朝表贺，编之国史。"本是译经弘法之事，可依不空特殊之地位，皇帝亲为经文写序而且敕命颁行，将之变为政治事件贯彻。又"近侍大臣，诸禁军使，敕令入灌顶道场，道俗之流，别有五千余众"，灌顶弘法本无关政治，但有皇命在前又因对象皆是重臣之类，俨然是以政令行宗教之事。永泰四年，不空"奏天下寺食堂中，特置文殊师利为上座。恩制许之，须宣宇内"，这件事情无法用宗教力量达到，而是依政令而行的政治大事，虽然政令的执行者不是不空而策划者却是其本人。古代观测天象、求风止雨、祭祀祈福都是由朝廷专门机构执行，也是朝中的政治事件，而不空在时这类事务无论大小都由其亲自执行或经其奏请方可实施，由此也证明了不空以高僧之德行朝廷重臣之事。及至不空圆寂，

① 《三藏和上遗书一首》，《大正藏》第 52 册，第 844 页上。

皇帝为之缀朝三日，影响之大由此可见一斑。

7）不空的护国思想

不空虽为外国来华僧人，但具有强烈的爱国、护国意识，诚为来华外国人之楷模，他为代宗献上《仁王护国般若经》，代宗亲为之作序，给予高度评价，不空三藏的弘法活动历经玄宗、肃宗、代宗三朝，引领中国佛教界三十年之久，他法力高超，朝野公认，他为中国的佛教事业奉献了一生，对密宗在中国的传播事业上功勋卓著。不空自天宝十二年（753）"请福河西"为始，经玄宗、肃宗、代宗三朝，译经传法、修建道场和举行法事都是以"上资王室，下润生灵"为目的，始终贯穿着其佛法护国的思想。他的护国思想及实践表现在以下几个方面。

第一，不空对佛教护国经典的传译。不空年少时即来到中国，生活在浓厚的汉文化氛围中，所以深谙中国封建统治者的心理，弘法要得到政治的庇护与支持，佛法就要为政治统治直接服务。天宝十二年（753）至大历九年（774）间，不空所译经典多以是否能"护持国土"、"有助王化"为标准，并在佛教经典中积极寻求护国思想的理论依据。

在不空本有的护国忠君思想的指导下，其翻译经典、传持密法的指向性就非常明确，在这方面最具代表的就是重译《仁王护国般若波罗蜜多经》（下称《仁王经》）。鸠摩罗什翻译过《仁王经》，但不空认为义理有尚未通融之处。所以不空前后两次翻译《仁王经》，大肆宣扬该经中的护国品，认为《仁王经》具有很大的护国作用，经中说：

一切国土若欲乱时，有诸灾难，贼来破坏，汝等诸王，应当受持、读诵此般若波罗蜜多，严饰道场，置百佛像、百菩萨像、百师子座，请百法师解说此经。于诸座前燃种种灯，烧种种香，散诸杂花，广大供养衣服、卧具、饮食、汤药、房舍、床座一切供事；每日二时讲读此经。若王、大臣，比丘、比丘尼、优婆塞、优婆夷，听受、读诵、如法修行，灾难即灭。大王，诸国土中有无量鬼神，一一复有无量眷属，若闻是经，护汝国土。

若国欲乱，鬼神先乱，鬼神乱故即万人乱，当有贼起，百姓丧亡，国王大子王子百官互相是非，天地变怪，日月众星失时失度，大火大水及大风等，是诸难起，皆应受持、讲说此般若波罗蜜多。若于是经受持读诵，一切所求，官位富饶，男女慧解，行来随意，人天果报，皆得满足，疾疫厄难，即得除愈，枷械枷鏁捡系其身，皆得解脱，破四重戒，作五逆罪，及毁诸戒无量过咎，悉得消灭。①

该经大致讲述了释迦牟尼曾经为十六位国王说护国法，说，若在国土中出现刀兵四起之事，则举国上下受持读诵此经，置办佛菩萨像和请法师前来宣讲，就有无数鬼神前来护持，灾难便可化解。这是一般经典流通品中常有的说法，但该经与其他经典不同的地方是把功德的受益者直接上升为统治阶级而不是一般的善男信女。所以不空依此发挥，在奉持品中将此经的受持方法更加简单化、密教化，作用更加明确化、功利化，即只要持诵此经中的陀罗尼，菩萨便会前来使其国土免于灾祸，并强调"般若波罗蜜多所有功德，犹如虚空不可测量。若有受持读诵之者，所获功德能护仁王及诸众生，犹如垣墙亦如城壁，是故汝等应当受持。"②《仁王经》译出后，代宗亲为制序，并称"可推而行之"。

为宣传《仁王经》的护国作用，并大力推行此经以扩大佛法护国理论的影响，不空又亲自编纂了《仁王护国般若波罗蜜经陀罗尼念诵仪轨》、《仁王般若念诵法》和《仁王般若陀罗尼释》各一卷。之后，按照仪轨在西明寺、资圣寺组织了百次讲演，并令密宗弟子如法修持。

如果说《仁王经》仅仅是对国土护持的宗教祝愿，那么不空译介的《佛为填忧王说王法政论经》（下称《王法政论经》）就是一部议论王政得失的经典，此经从佛法的角度提出了天子行为的规范，以期避免统治过失而使天下太平，这是一种更加直接的护国之策。经中说：

---

① 《仁王护国般若波罗蜜多经》卷下，《大正藏》第8册，第840页上。
② 《仁王护国般若波罗蜜多经》卷上，《大正藏》第8册，第839页下。

尔时，世尊告优填王曰：大王，今者应当了知王之过失，王之功德，王衰损门，王可爱法及能发起王可爱之法。云何王之过失？大王当知王过失者略有十种，王若成就如是过失，虽有大府库，有大臣佐，有大军众，而不可归仰。何等为十？一种姓不高；二不得自在；三立性暴恶；四猛利愤发；五恩惠赊薄；六受邪佞言；七所作不顺古先王制；八不顾善法；九不鉴是非胜之与劣；十一向纵荡专行放逸。①

《王法政论经》提出了十种为政者过失，其中第一种就是不注重门第，这与魏晋以来形成的士族门宦利益集团统治国家的精神深深吻合，统治阶级肯定是乐而受之深信不疑；第七条所说不顺古先王制，更是为封建王朝的嫡长子传承制度量身打造，也为封建礼制的长幼有序做了补证。其他则是对国王品行与治国之策等方面的考量。经中又列举了五种衰损门：

一不善观察而摄群臣，二虽善观察而无恩惠，纵有恩惠不得及时，三专行放逸不思国务，四专行放逸不守府库，五专行放逸不修善法。如是五种皆悉名为王衰损门。②

五种衰损门中不善观察而摄群臣，这既是对帝王用人之道的提醒，也是有才干的臣子希望帝王所具有的基本能力；中间三种都是劝诫统治者能赏罚分明、精心理国的建议，最后一条则是劝诫受持佛法。这些从佛法角度提出的建议都是帝王治国的良策，相对于世俗的说教只不过多了"修善法"一条，而这恰恰是不空建立在政教互扶理念上的护国思想。最后，不空又强调了受持此经的功用：

若读若诵此秘密王教，依之修行即名圣王，即名法王。诸佛菩萨天龙八部，日夜加持，恒常护念，能感世间风雨顺时，兵甲休息，诸国朝贡，福祚无边，国土安宁，寿命长远。是故当获一切利益，现世安乐。③

① 《佛为填忧王说王法政论经》，《大正藏》第 14 册，第 797 页中。
② 《佛为填忧王说王法政论经》，《大正藏》第 14 册，第 798 页下。
③ 《佛为填忧王说王法政论经》，《大正藏》第 14 册，第 799 页中。

开宗创派

在《仁王经》和《王法政论经》中直接承担护持国土的主要角色是北方毗沙门天王。毗沙门天王信仰曾经是唐朝面对西北边境军事压力的最大精神支柱。《唐京兆大兴善寺不空传》云：

又天宝中，西蕃、大石、康三国帅兵围西凉府。诏空入，帝御于道场，空秉香炉诵《仁王》密语二七遍。帝见神兵可五百员在于殿庭，惊问空。空曰：毗沙门天王子领兵救安西，请急设食发遣。四月二十日果奏云：二月十一日，城东北三十许里，云雾间见神兵长伟，鼓角宣鸣，山地崩震，蕃部惊溃，彼营垒中有鼠金色，咋弓弩弦皆绝，城北门楼有光明天王怒视，蕃帅大奔。帝览奏谢空，因敕诸道城楼置天王像。①

不空传译了《毗沙门天王经》、《北方毗沙门天王随军护法仪轨》及《北方毗沙门天王随军护法真言》各一卷，渲染了毗沙门天王的护国功能。《毗沙门天王经》中说："尔时毗沙门天王在于佛前，合掌白佛言：世尊，我为未来诸有情等利益安乐、丰饶财宝、护持国界故，说自真言。"《北方毗沙门天王随军护法仪轨》中则说："尔时哪咤太子，手捧戟。……我昼夜守护国王大臣及百官僚……我为未来诸不善众生，降伏摄缚皆悉灭散故，亦护持国界故。"②《北方毗沙门天王随军护法真言》中还提出一种新的护国方法："若欲降伏诸国兵贼众者，当画一像，身卦紫磨真金甲，于净室中烧众名香乳，头熏陆香，诸色香花饮食供养，真心诵念天王真言十万遍。天王领天兵来助，他国兵敌自退散。若能昼夜诵念不绝，天王使太子独健领天兵千人，卫护不离其侧。"毗沙门天王信仰与《仁王经》、《王法政论经》互相补充，支撑起了不空护国思想理论的完整体系。

第二，政教相扶理念的确立。

不空佛教护国思想的完整体系是由国王护法与佛法护国这两个方面构成的。以往谈护国，大家着重关注的是佛教如何护国，其实佛教在大讲护

---

① [宋]赞宁：《宋高僧传》卷一，《大正藏》第150册，第710页中-714页下。
② 《北方毗沙门天王随军护法仪轨》，《大正藏》第21册，第244页下。

国的同时，也将护国与护法紧密联系在一起，从而使宗教的护国与世俗意义的保家护国有了本质的区别。不空的佛教护国思想虽然也有追求天下太平、人民安乐的目的，但更重要的是宗教直接为维护现实政治服务。国家就是李唐王朝，这不仅包括唐朝的国土安宁，四海升平，还包括皇帝及皇室成员的个人安危以及用佛法对百姓的教化。

　　另一方面，透过不空所有的护国言论，我们可以发现，他所说的种种护国实效都要建立在统治者以大乘理国这一前提下。不空在遗书中称："自髫龄出家，依师学业，讨寻梵夹二十余年，昼夜精进……远游天竺，涉海乘危，遍学瑜伽，亲礼圣迹，得十万颂法藏，印可相传。来归帝乡，福地行化。"①可以看出，他最大的人生理想还是要穷毕生之力而以佛法广化世人，以毕生所学弘扬释迦学说。这本是每一位外来僧人的最终理想，而他们选择的道路却有不同。不空以独到睿智的眼光选择了扶持政治而再借王政之力发扬佛法的道路。所以说不空在选择为政治统治直接服务的同时，其目的就是要利用政治推动宗教的发展。不空说帝王只有信奉佛法并且以佛法治理国家，此国土、此国王才能受到佛菩萨的护持。他在大历七年给代宗的奏表中说："昔释迦如来先有悬记，一乘典语兴在中华，当有至圣帝王，必以大乘理国。八百余载，历代帝王圣贤多矣，实未有如陛下者也。"由此可以看出不空极力推崇帝王以佛法治国，而若有帝王以佛法治国，佛法焉能不兴？《王法政论经》虽深受帝王喜爱，但是如果帝王不信因果报应，不能持戒修福或者不受密教灌顶则不能得到佛法的护持。此经说："若诸国王任持正法，与诸内宫王子大臣，共修惠施，行好善事，持斋受戒，慈三摩地门上妙梵行，频作护摩，息灾增益，建曼荼罗，具受灌顶，是为功德圆满。若能如是行者，是名净慧具足。"如此一来，帝王将相争相灌顶，举朝尽是陀罗尼灌顶弟子，能使王政和密法相得益彰。

　　第三，不空佛教护国实践的基本类型。

① 《三藏和上遗书一首》，《大正藏》第 52 册，第 844 页上。

开宗创派

（1）祈雨止风。

古代人们经常把风雨雷电等自然现象和执政者的得失联系在一起，所以一些灾害性天气的出现常常会影响到政局安危；另一方面，在以农业经济为主的时期，气候变化决定着年收丰歉，直接关系到百姓万民的生存和国家安定。密宗宣称其功能强大的咒术，拥有祈雨止风的神奇功效。拥有此类神通的密教僧人在历史上有很多记载，暂且不论其真实与否，这些却是吸引执政者以至百姓信奉的关键所在。

不空从师子国取经回长安后，即奉敕入大内，建立曼荼罗为玄宗皇帝灌顶，并移住净影寺。"是岁也，终夏愆阳，帝请大师入内请雨。制曰：时不得赊，雨不得曝。大师奏《大孔雀明王经》坛法，未尽三日，膏泽弥恰。"①又"后有大风卒起，敕令大师止风。大师请以银瓶，作加持法，须臾风止。帝殊器重。后有池鹅，误触瓶倒，风击如前。敕令再止，随止随效"。②又"是岁春夏旱，有诏请大师祈雨。中使李宪诚宣恩旨：若三日内雨足，是和上功，非过三日，关和上事。大师受制，建立道场，一日已终，及依法祈请，亦不过限，大雨丰足"③。呼风唤雨的神通一般被用来渲染僧人的神秘性，但是在人们对自然现象认识尚未成熟的古代，能有这样神通的僧人，对维护王室统治和安定民心却有重要的意义。不空历经三朝，祈雨止风正可谓"上资王室，下润生灵"，必是常有之事，这是其护国实践的一个重要组成部分。

（2）政治呼应。

在君权神授的古代中国，统治者极力宣扬自己受命于天，树立其统治天下的合法性和神圣性。在这方面，中国历代封建统治者主要依赖的是儒教思想，但也广泛利用其他宗教的理论。其中佛教在这方面也通过各种方

---

① ［唐］赵迁：《大唐故大德赠司空大辨正广智不空三藏行状》，《大正藏》第 50 册，第 292 页中—下。

② 同上。

③ 同上。

法起着与政治相呼应的作用。肃宗收复京城后，不空上表庆贺，表中为肃宗的登基制造理论，说肃宗是元圣、兴王，因而才能平定战乱君临天下，更是把肃宗比作尧之德、禹之功，这种政治呼应正是迎合了统治者之所需。不空更把代宗当做《王法正论经》中的仁王形象，在上代宗《贺雨表》中称："昔释迦如来先有悬记，一乘典语兴在中华，当有至圣帝王必以大乘理国，八百余载。历伏帝王圣贤多矣，实未有如陛下者也。"表又中说"精思祈天，果得应时；春泽普洽，川原滂霈，草木滋华。是知圣德动天，神应如响；一人有感，万类照苏。不胜忻悦之至。"①将风雨应时都归于皇帝的圣德所感。

(3) 灌顶祈福。

为统治者施行灌顶，既是为其个人安康着想，也是为了维护政权的安稳巩固。密教本来就以度灾御难之法见长，息灾、增益、降伏、欢喜是其道场的四大功能。②并有宫苑都巡使元琮给肃宗上表说："度灾御难之法，不过秘密大乘。大乘之门，灌顶为最。"皇室王族及士庶百姓对此深信不疑，争相灌顶。

早在天宝元年(742)不空在前往师子国途中因船只未到耽误行期，在法性寺建立道场，息灾祈福，灌顶度人，数月之间，不下百次。取经归来，即在大内建立道场，为玄宗皇帝做五部灌顶，王子后宫亦当灌顶得度。不空在河西时住武威开元寺，开设坛场，"节度以下，至于一命，皆受灌顶"。至代宗朝，在大兴善寺开灌顶道场，"冀每载夏中及三长斋月，依经建立，严净花以开觉，使有识而归真。庶边境肃净，圣躬万寿。"大历五年更往五台山赞修功德。是年，有彗星出，古代人认为彗星是灾祸的预兆，是王者失德的应现，不空开设法坛，"法事告终，妖星自伏。"

---

① [唐]不空：《谢敕置天下寺文殊院表》，《大正藏》第 52 册，第 841 页下。
② 朗宇、清修主编《中国佛教学者文集》，吕建福著《密教论考》，宗教文化出版社，第252 页。

开宗创派

(4) 军事护佑。

在军事方面进行佛教式的护佑，是不空护国实践中最具特点的一个环节，不空为此特地传译了《毗沙门天王经》及仪轨、真言。兵刀四起是国家最大的灾难，功成身退是前方将士最大的心愿，而此经及真言，正是有这两点最大的功用，也是不空护国护家的最直接体现。天宝十二年不空应河西节度使哥舒翰的邀请，经过玄宗的特批，前往河西前线，为战事祈福。在安史之乱过程中，不空又通过各种方法，为前线军事祈祷，促成了最终的平叛胜利。军事方面的护持实践是不空佛教护国实践的重要表现。

佛教自传入中国以来，其极强的出世性常为人所诟。在极度繁荣的李唐封建王朝，统治者以博大的胸怀包容所有的文化并为其所用。各种文化在相互激荡中融合发展，而决定其命运的最关键原因之一就是统治阶级是否认同。不空在唐代历经三代，被奉为国师，其佛教护国的实践对佛教和国家都有很大的历史影响：首先，不空的佛教护国思想极大地推动了唐王朝对佛教的支持。三朝皇帝皆受不空灌顶，对佛教的支持和推行可见一斑。这不仅表现在广置寺院和剃度僧尼，统治阶级对佛教文化的认同本身就是佛教得以发展的最有利因素。其次，不空的佛教护国直接促成了密宗的中兴局面。善无畏、金刚智及其弟子一行开创密宗后，其势力发展尚有限。不空以其护国思想展开了一系列政治交往，使佛教得到了前所未有的政治支持，在五台山修建金阁寺并在天下寺院置文殊像，以及部分密宗经典在全国范围推广，形成了天下佛教密宗占半的局面。再次，不空的佛教护国实践，改变了佛教的出世印象，使佛教成为国家和百姓在战乱年代的精神支柱，加速了佛教的社会化和民间化。同时，不空的佛教护国实践昭示了宗教与社会的关系。佛教虽然追求个人的解脱，但它还是离不开社会，在社会中产生而且最终为社会服务。不空佛教护国的思想与实践强化了中国佛教入世护国的特质、悲悯众生的情怀。使佛教徒不再以个人解脱为唯一的追求，而是在不断升华自己内心修养的同时，以大乘佛教的精神，积极广泛地在现实社会中拔苦救难。第四，对唐王朝本身来说，不空的护国实践具有维护统治的实际意义。安史之乱爆发后，唐王朝烽烟四起，各种势力伺机而动。不空通过宗教强调了李唐王室君权的神圣性，其随军护法也助长了军队的士气，其护国思想更是把文武将相、平民百姓紧紧团结在一起，对唐王朝的政治统治着实起了重要的维稳作用。第五，不空的佛教护国思想清晰地描绘出了佛教理想中的世俗皇帝，从而对世俗政治也产生一定的影响。《仁王经》的前后两译，一方面宣扬其护国作用，而另一方面也对世俗皇帝提出了必须"以大乘理国"、"如法修行"的要求，《王法政论经》更是明确提出了"仁王"所需的具体标准，要求国王要远离"暴恶"、"恩惠赊薄"、"受邪佞言"、"不顾善法"、"不鉴是非胜之与劣"、"纵荡专行放逸"等恶劣行径。

不空终其一生，致力于密宗的弘扬，开创了密宗中兴的局面。从密宗的历史发展来看，不空应该是密宗的实际开创者，也是在他的努力下，密宗在其历史发展中走向了顶峰。他翻译密教经典，积极争取政治的支持，注重宣扬密教的护国色彩，培养了慧朗等大批弟子，为密宗的发展做出了卓越的贡献。不空也因此被称为密宗六祖。

（二）本土祖师

1. 一行

一行生于唐高宗弘道元年(683)，圆寂于唐玄宗开元十五年(727)十月，年仅四十五岁。一行原籍魏州昌乐县(依《旧唐书》卷一百九十一之说，为当今河南省南乐县境，《宋高僧传》中作钜鹿)，本姓张，名遂，是唐初功臣张公谨的后裔。

一行天资聪敏，据说是能过目不忘。二十岁左右，已博览经史，精于历象阴阳五行之学。一次，他几天之内写成《大衍玄图》及《义诀》各一卷，阐释杨雄的《太玄经》，得到名藏书家尹崇的奖誉而声名大震。当时武三思独揽朝政，猜忌正士，出于某种意图，想与一行结交。一行鄙薄他的行为，隐而不见，适遇普寂禅师在嵩山弘扬禅要，一行参听之后，深受感动，就礼普寂为师，落发出家，时年约二十四、五岁。

出家之后，有位道学深厚叫做卢鸿的人隐居在附近，有一天他带着自己的著作前来拜访，对普寂禅师说，要请一位才学高超的弟子来当面传授。普寄禅师就叫来一行，一行很快读完了他的著作，放在案几上，面带微笑。卢鸿觉得一行太过轻浮，因为他的著作且不论义理深奥，单就是行文中用到很多生僻的古文字，也是一般人很难全部认识的。等到其他僧人来到大殿中，一行将刚才看过的著作全部讲了一遍，竟然没有一处遗漏和理解偏差的。卢鸿大为惊叹，说一行不是普寂禅师能教导的，应该让他出去游学。一行得到普寂的许可，四处参访，《高僧传》说他不远千里到浙江天台山国清寺从一位隐名的大德学习算术，大德对他的侍者说，今天有一位不远千里来求学的人，他来时门前的溪水会逆向西流。侍者出门看时，溪水果然倒流，这时一行进入门内向隐者求学，水复东流。一行数年参访游学，因而内外学的造诣更深，名声也更大了。

一行年幼的时候，同村的老妪曾经周济过他，老妪的儿子后来犯法被押在大牢，她就前来求一行帮忙。一行说，既然是犯法了，怎么好开口向皇帝求情？老妪就有些不快，说一行忘了过去的恩情，今日成了显贵却不肯出手相救。一行怀着慈悲之心，施展法术，北斗七星突然隐没不见，监察天象的官员向皇帝奏报，皇帝就请一行前来询问。一行讲了北斗七星隐没的历史记载和征兆，

一行

皇帝问怎么才能让它们再次出现呢？一行说，不如皇帝大赦天下，皇帝就遵从了一行的建议。当天晚上就有一颗出现了，七天过后北斗七星全都出来了。老妪的儿子也因这次大赦而获救。

开元五年(717),唐玄宗命一行的族叔礼部郎中亲自去湖北请他入朝。玄宗问他有什么过人之处,一行说没有别的,就是记诵比一般人快些。玄宗让宫人拿出古籍,一行翻看了几眼,倒背如流。玄宗大加赞叹,奉为上宾。后来,一行在洛阳福先寺协助善无畏翻译《大毗卢遮那成佛神变加持经》,即《大日经》。

一行的佛教著作见于著录的有:《摄调伏藏》十卷(《宋高僧传》作六十卷)、《释氏系录》一卷、《大日经疏》二十卷、《药师琉璃光如来消灾除难念诵仪轨》一卷、《大毗卢遮那佛眼修行仪轨》一卷、《曼殊室利焰曼德迦万爱秘术如意法》一卷、《七曜星辰别行法》一卷、《北斗七星护摩法》一卷、《宿曜仪轨》一卷,共九种。其中《释氏系录》已佚。《药师琉璃光如来消灾除难念诵仪轨》等,或属于金、胎合部,或属于胎藏部,都是通常的密教仪轨。《七曜星辰别行法》前面有一段似序非序的文字,可以证明它和相传是"一行禅师修述"的《梵天火罗九曜》,皆出于后人的依托。所以一行的佛教著作应以组织密宗教理的《大日经疏》为代表。

一行是善无畏、金刚智的弟子,他传承了印度金、胎两部密法,对《大日经》进行了注释,使其进一步佛教化和中国化,按吕建福先生的观点,一行实际上是与其两位师父共同创立了密宗,为密宗的创宗做出了重大贡献。但一般说密宗的开创者都说是"开元三大士",指善无畏、金刚智和不空三人,其实不空的主要活动都在开元年间之后,所以一行在创立密宗中的地位就容易被忽略。一行在密宗的传承者中被列在不空之后,称为传持第六祖。

我们再总结一下一行的主要贡献:第一、协助善无畏和金刚智等印度来华僧人翻译和弘扬佛教经典,推动了印度佛教在中国的传播;第二、著成大量佛教著作,有利于印度佛教的进一步中国化以及中国佛教思想体系的不断完善,也有利于中国佛教进一步为民众所理解,特别是对印度入华的密教经典的阐释,为中国化的密宗的形成做出了重大贡献,一行也由此成为中国佛教密宗的主要创始人;第三、在天文历法方面做出了杰出的贡献，所以也是一位当之无愧的科学家。

2. 惠果

惠果（746—805），京兆府万年县（今陕西西安）人，俗姓马。"幼年九岁，便随圣佛院故三朝国师内道场持念赐紫沙门讳昙真和尚，立志习经。至年十七，为缘和尚，常在内道场。持念不出。"[①]惠果九岁便在不空三藏那里求受大佛顶随求真言。十九岁，登灌顶坛场散花，得名为转法轮菩萨。不空对惠果说："我当年在南印度登坛灌顶散花求名时，也得到的是这个名字，你今天和我得到的名字一样，等到以后你弘传密法也要像我一样。"大历元年（766），惠果满二十岁，在慈恩寺受具足戒后，依止不空受金刚界密法，之后又从善无畏的弟子玄超受胎藏及苏悉地诸法。后来又跟随不空学习《金刚顶大教王经》，诸尊瑜伽密印。惠果对不空说："昔日所学大乘佛法，已经至妙至极，今天又学习了金刚界法门，才知在诸法中为最上的。如果说极无有上的妙法，则是大乘的心地，只在理事上说的通达。今日所学的密法，能够融通教相和事相，所以金刚界密法，一念相应，就能够登证觉，是修行的易行法门。"不空告诉惠果，密法在印度都很难学到，一部密法都很难求，何况你现在学了两部密法。善无畏和金刚智各传胎藏界和金刚界密法，二人也有金善互授的记载，不空虽然对这两部密法都通晓，但是他们的弟子当中，能够得到两部密法灌顶的只有惠果一人。所以惠果并融会二法，倡立"金胎不二"，是两部密法同时弘扬的初祖。惠果常被请入宫中，为帝后妃嫔、文武百官等修法，并继不空法席，为青龙寺东塔院灌顶国师，故又称青龙和尚。历任代宗、德宗、顺宗三朝国师，备受崇敬。

大历十一年代宗赐给惠果紫衣一对，惠果上书坚辞不受。代宗皇帝问其缘由，惠果说他的师父德高望重才受了紫衣，他今天的成就并不能和师父相比，所以接受的恩赐不能与师父的比肩齐平。代宗听后大赞惠果对师父的孝心，并说这是他自己的失误，就改赐惠果褐色的袈裟。大历十三年

① 《大唐青龙寺三朝供奉大德行状》，《大正藏》第50册，第294页下。

之后，惠果将所有的恩赐钱物一千余贯都捐赠出来修功德。是年惠果奏请两度巡礼五台山金阁寺，此寺为不空当年主持修建。这一年的十月十五，功德使李宪诚宣惠果进宫，因为不空教给代宗的密法念诵有些记不起来了，让惠果再给他温习一遍。后宣布惠果继承不空的位置，当时应该是不空的传位弟子慧朗去世了。不空圆寂之后，其弟子成百上千，国师地位的继承引起了朝廷的高度重视。不空在临终前将其执掌本宗的大权交给了弟子慧朗，而非惠果。但惠果在后世密宗中的地位和知名度却是仅次于不空，这主要是受日本密教的影响。

建中元年 (780)，诃陵国僧侣辨弘，原本发愿到南印度寻求大悲胎藏曼荼罗法，途中遇到一位奇人，问他要到那儿去，辨弘即为之表明心愿。奇人答道："大悲胎藏曼荼罗法已被不空三藏请去，今在中国流传。其弟子惠果正在青龙寺传授此法。"说完之后，消失不见，辨弘即刻改变行程到中国，成为惠果的弟子。

惠果

贞元五年 (789)，惠果奉皇帝敕令在青龙寺大佛殿祈雨，七天之后，大雨降下，朝廷赏赐颇丰。同年，惠果给宰相杜黄裳、韦执谊等人灌顶，教授他们密宗的修持法门。惠果再次奏请巡礼五台山金阁寺。贞元十四年五月大旱，惠果受命于皇宫内道场祈雨，七天之中就有灵验。贞元十六年，惠果还受神威将军之请，在军中做法事以求庇护。

贞元二十一年 (805)，日本僧人空海来到青龙寺，受惠果胎藏界、金刚界两部大法灌顶，并且给了空海五十余本密宗的经典，密宗传入日本，由空海在高野山金刚峰寺建立根本道场，成为真言宗流传之滥觞。另由新罗僧惠日、悟真等，传入新罗。

贞元二十一年，惠果圆寂，世寿六十，僧腊四十。其付法弟子遍及海内外，仅贞元九年至十三年之间，就有义恒、义一、义政、义照、义操、义云等五十人随其学法，但只有日本空海得到全部的密法传承。惠果成了中国密宗最后的祖师，同时也是日本真言宗的高祖。

四、历代传承

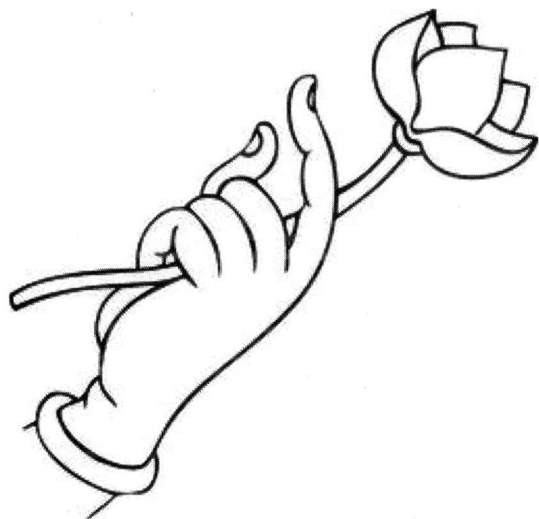

宗派的一个重要特征就是师徒之间的代代相承，从而形成一定的传法谱系。密宗在唐代开元年间形成之后，一时蔚为壮观，传承有序。宏观上看，这种传承可以划分为国内和国外两个类型。尽管国内的传承在当时势力强大，但从长远的角度看，密宗在国外的传承则更加成功，其法脉之延续，直到今天源源不断。

(一) 中土传承

密宗法脉传承，一般指善无畏和金刚智二人将胎藏界和金刚界两部密法传于后人，代代相传。但据《两部大法相承师资付法记》载，善无畏将胎藏界密法传授于金刚智，金刚智又将金刚界密法传授于善无畏，二人互为师生，密宗称其为"金善互授"。但在惠果之前，没有人兼习两部大法，自惠果传授空海，密宗两部大法开始同时传授，即所谓"金胎合曼"。空海回日本后，密宗历代传承谱系明确。而我国密宗由于种种原因，在晚唐五代时就已经不甚明朗，所以密宗的传人主要还是善无畏、金刚智、不空、惠果等人的弟子。

1. 善无畏诸弟子

善无畏在中土传法，见于记载的弟子有十余人。据其弟子李华所撰《善无畏塔铭》，善无畏弟子中首先提到的是宝思和明思二位法师。僧宝思，户部尚书荥阳郑公善果曾孙也。郑善果与玄奘大师有一段奇缘，当年玄奘法师出家求剃度，但因为年龄不符合要求被拒，站在门外黯然神伤，郑善果问玄奘法师为什么要出家，玄奘法师说出了"远绍如来，近光遗法"的伟大志向，郑善果颇为赞赏，破格允许玄奘剃度。明思是琅琊王氏的贵族子弟，颇有才华。他们"超然自觉，自心言为乐说之辨，妙用即禅那之宗"，李华称"入和上(善无畏)之室，惟兹二人而已。"其实，李华也是善无畏的俗弟子。李华为河北人，开元二十三年(735)进士，天宝年间任监察御史、礼部员外郎，为官清正，不畏权贵。安史之乱，玄宗逃往四川，官员四散，李华想回老家带着母亲一起走，却被叛军捉住，任命他为凤阁舍人。李华顾忌母亲安危，只能屈从。后来叛乱平定，李华因出任伪官被贬为杭州司户参军，经常叹息他没有保全自己的名节，也不能尽孝。最后他选择辞官隐居，为母亲尽孝道。上元年间皇帝曾经征召他出来做官，但是他自叹名节已经不保，就称病坚辞，并教育自己的后代要安于清贫。李华晚年的时候信奉佛法，拜善无畏为师，善无畏圆寂后，李华为其撰写《行状》和碑文。

又善无畏所译《慈氏菩萨略修愈誐念诵法》的末尾有一首偈语："明开七种诸圣教，五明轮悉无不通。有一摩贺支那僧，法号释种喜无畏。纯陀献供最末后，许可五部阿阇黎。是故我今略教授，未得许可犹未传。"①从这个记载看出，喜无畏也是他的弟子，但僧传等历史资料没有更加详细的记载。

善无畏在洛阳福先寺翻译《大日经》时，一行从旁协助，故《大日经》实为二人共同的成就。一行在《大日经》翻译完成后，尽毕生之力，撰成《大日经疏》，对经文进行疏解，并将其中不甚明朗的地方进行标注，成为后世学习和阅读经文的工具书。海云所撰《大日经传法次第序》称善无畏将毗卢遮那大教王的法脉付与大兴善寺沙门一行，以及保寿寺新罗国沙门玄超。一行英年早逝，没有传法弟子。又据《金胎两界师资相承》载，善无畏传法于金刚智，金刚智传于不空；新罗玄超传法给青龙寺惠果。

又《大日经疏》序言署名为温古所作，并自称"尝接诸贤末肆，预闻此经，至于绝待妙行，非敢窥测。不揆愚昧，注心归仰。"②《宋高僧传·金刚智传》中有"十一年奉敕于资圣寺翻出《瑜伽念诵法》二卷、《七俱胝陀罗尼》二卷，东印度婆罗门大首领直中书伊舍罗译语，嵩岳沙门温古笔受。"③不详是否为同一人。《大日经指心钞》《菩提心论口笔》等著作中则

① 《慈氏菩萨略修愈誐念诵法》卷下，《大正藏》第20册，第599页下。
② 《毗卢遮那成佛神变加持经义释序》，《大正藏》第23册，第265页上。
③ [宋]赞宁：《宋高僧传》卷一，《大正藏》第50册，第711页中-下。

在温古名前加上了智俨，未明依据何在。辽代觉苑撰写的《大毗卢遮那成佛神变加持经义释演密钞》称温古"序主之别讳。温者，寻也。古者，故也。法师喜温寻故事，建立新规，故以称焉。《论语》云：子曰温故而知新，可以为师。……撰者述也，特谦立名，故曰释沙门温古撰。"①并没有道明温古为何人。大村西崖依《大日经疏》序言，认为温古是善无畏的弟子。

2. 金刚智诸弟子

金刚智主要传持金刚界密法，不空早年即跟随他学习，后来成为密宗的中兴祖师，是其密法传承的正脉。一行大师也跟随金刚智学习过密法，但可惜没有传人。其余弟子以慧超、义福、圆照、惠恒等人见有记载。

慧超，新罗国僧人，撰有《往五天竺国传》三卷，原书已散失，据敦煌遗书仅抄有一小部分。据其游记来看，慧超曾到过印度。慧超在开元二十一年(733)从金刚智翻译《大乘瑜伽金刚性海曼殊室利千臂千钵大教王经》，充任笔受。后来金刚智圆寂，慧超跟随不空学习密法，不空在其遗书中称："吾当代灌顶三十余年，入坛授法弟子颇多。五部琢磨，成立八个。沦亡相次，唯有六人。其谁得之？则有金阁含光、新罗慧超、青龙惠果、崇福慧朗、保寿元皎、觉超。后学有疑，汝等开示。法灯不绝，以报吾恩。"②可见慧超在不空的弟子当中也是佼佼者。人历九年(764)，代宗皇帝命慧超前往周至县玉女潭祈雨，密法的坛场才刚建立，就阴云密布，后来果然天降大雨，代宗对其很是赞赏。

义福，俗姓姜，潞州铜鞮人(今山西长治沁县境内)，年少的时候就萌生了出家的想法，起初在陕西蓝田化感寺修行，二十多年禅修不曾出门，后到大慈恩寺。开元二十一年(733)随圣驾到东都洛阳，这段时间内可能从

---

① [辽]觉苑：《大毗卢遮那成佛神变加持经义释演密钞》卷一，《大正藏》第 23 册，第 528 页上。

② 《三藏和上遗书一首》，《大正藏》第 52 册，第 844 页上。

历代传承

学于金刚智。义福是禅宗北宗领袖神秀的高足，与普寂禅师同为法嗣，名气非常之高。据说在前往洛阳的途中，所过之处都有很多信众去那里瞻礼拜见。开元二十年(742)在其故乡圆寂，出行送葬的有数万人。义福虽然禅行高洁，为帝王所器重，但是一生没有聚徒开法，精勤弘教二十余年。他活着的时候对朝廷两位重要官员兵部侍郎张均、太尉房琯的未来做了预见，说张均会晚节不保，房琯将成为中兴之臣，后来安史之乱，张均果然出任了伪官，而房琯成了两朝名臣。义福对金刚智执弟子礼，是禅宗北宗与密宗密切交往的例证。

圆照，陕西蓝田人，十岁时在西明寺依景云律师出家，景云律师是当时著名的高僧，学识渊博，通达四部。圆照在这里学习了维摩、法华、因明、唯识、涅盘、中观、华严新经，但于律学最为专精。开元年间，圆照参加了多次译经，充为笔受。代宗大历十三年(778)下诏遴选高僧大德十四人，齐聚安国寺讨论《四分律》新旧疏本的问题，圆照也是其中一位，他的观点得到了皇帝的赏识。圆照著作颇丰，以十四卷《贞元录》最为出名，继智升《开元释教录》后，收录开元十八年之后六十五年间的佛教经典。另外还有《不空表制集》《信行禅师碑表集》《肃宗代宗制旨碑表集》等，为后世留下了大量的历史文献资料。在《贞元录》中附金刚智传时，圆照自称是其弟子。

金刚智另有弟子惠恒、惠翮、惠濬、惠正、惠端，俗弟子吕向、杜鸿渐等人。

3. 不空诸弟子

不空一生弟子众多，但他自称只有六个人得到了密法的传承，是金阁含光、新罗慧超、青龙惠果、崇福慧朗、保寿元皎、觉超六人，其中慧超、惠果前面已经介绍。

含光，其出生地不详，飞锡在《不空碑文》中称其为梵僧，自幼出家，开元年间跟随不空学习密法，是不空最早的弟子之一。不空去师子国求法时，就有含光、惠辩等二十九人跟随，在师子国受到了普贤的五部灌顶。后来不空应哥舒翰之请前往西北军中祈福，含光也在随从当中，天宝八年(749)在河西时，"士庶之类，数千人众，咸登道场。与僧弟子含光，授五部法。"①含光也参与了不空的传法活动，与不空一起为士庶众人灌顶。后来不空圆寂，代宗皇帝对含光非常敬重，称看见含光就像见到不空一样。不空曾在五台山修建金阁寺，而实际的主持人就是含光，后来代宗将金阁寺赐给不空，成了密宗的弘法中心。而含光又称金阁含光，想必最后他继承了这座寺院。

慧朗是不空临终前指定的密宗实际管理者，更是不空国师地位的继承者。大历九年(774)七月七日中使李宪诚宣代宗敕："僧慧朗，专知捡校院事，兼及教授后学。一尊一契有次第者闻奏。"可见慧朗和不空一样，对当时整个佛教都有管理和举荐的权力。慧朗于大历十一年(776)奉谢表，敕令天下僧人都颂尊胜陀罗尼真言。唐代中期以后，大江南北各大寺院都兴起了塑造尊胜陀罗尼真言经幢的现象，这与当时密宗僧人的推广、政治的扶持有很大的关联，从慧朗和代宗的表制敕谕中就可发现端倪。

佛顶尊胜陀罗尼信仰在唐代的兴盛原因，夏广兴教授认为：

《佛顶尊胜陀罗尼经》是中国密教发展初期所传入的杂密经典之一。然而，它却曾在中国密教发展的初期扮演一个重要的角色，此经在传入中国后，即迅速流传，在中国密教发展的中期——即唐开元年间以后，又依据此经的破地狱功能，译出许多相关的仪轨。《佛顶尊胜陀罗尼经》系初期密教后半期传入的经典，此经的大量传译，为亡者书写《佛顶尊胜陀罗尼经》及竖陀罗尼幢的盛行一时，反映了佛顶尊胜陀罗尼信仰民俗已深入民间，成为民众日常精神生活中必不可少的、极普遍的宗教活动。在浩如烟海的汉译佛典中，像《佛顶尊胜陀罗尼经》那样，在很短的时间内便迅速

---

① [唐]赵迁：《大唐故大德赠司空大辨正广智不空三藏行状》，《大正藏》第 50 册，第 292 页中-下。

传播开来，且不限于密宗一派，实为罕见。这正是由于社会和政治上的机缘所致，使之在唐土大地广布。尊胜幢的建立遍及有唐一代的大江南北，便是它广为流布最显著的标志之一。同时，也表明密教发展到唐代已进入了它的极盛期。①

佛顶尊胜陀罗尼的流行，慧朗应该是做出了很多的努力，现代许多寺院仍然存有唐宋以来的经幢，而且新修的经幢也不在少数，足见这种具有密宗色彩的法门，为佛教各个宗派所接受，并且流传至今。慧朗本人并无传记，大村西崖依惠果的传记考证，认为他在大历十二年(777)十月圆寂。慧朗有弟子天竺，天竺传德美、惠谨及俗弟子赵梅。德美有弟子雅宵，赵梅有弟子义灌、志清、善贞、制本。

元皎，灵武人(今宁夏灵武市)。志向高远，操行清正，不与俗世同流，专精修行密法。安史之乱爆发，玄宗逃往蜀地，皇太子拥兵北上灵武，不久登临大宝，改元至德，是为肃宗。肃宗向来信奉佛教，就是否即位这件事情也写信问过不空。第二年从灵武返回陕西的时候，他就要选品行高洁的僧人在前边开路，就像能驱赶不好的运气一样。当时北方以及河西地区推选上来的僧人中就有元皎。元皎被肃宗召入并奉圣旨，随驾回陕西。元皎尊肃宗命令向凤翔前进，在开元寺内置药师道场，率领二十多位僧人做佛事，念咒持经，夜以继日。法会正在进行，忽然生出一颗李子树，有四十九条根茎，元皎随即上报给肃宗。肃宗认为李子树象征着李唐王朝，根茎繁茂预示着皇运兴隆，是他登基后的大瑞应，而且生在寺院里，也有殊胜的因缘。元皎上表恭贺，肃宗大喜，对元皎很是看重。元皎应该是跟随肃宗车驾回到长安后，才投入到不空门下的。还有一种说法认为，元皎是含光的弟子。

觉超，其人生平不详，但存有几封上奏给皇帝的奏表。从这些奏表看，

① 夏广兴，方海燕：《佛顶尊胜陀罗尼信仰与唐代民俗风情》，上海师范大学学报，2005年第6期。

他当时也是不空住持大兴善寺时期的密宗高僧，并且多次主持设坛祈雨。如他的一封奏表称：

圣旨令觉超等于南山湫所七日祈雨者，陛下恭己育物，虑甘泽于夫时，以人为心，闵农殖于望岁。遂使有灵必祷，神迹克祈。而万姓荷慈爱之恩，群生欣父母之义。比者雨虽罕降，百草皆滋。旱不及忧，五谷咸茂。……觉超等犹愚不任庆美之甚，人皆含识，岂胜欢戴之极？觉超伏奉圣旨，便结道场，昼夜精诚，以副文思之旨，莫敢懈怠。用彰光宅之令，持诵初经一宿。云雾忽洽于山川。启请未尽两辰，霈泽遽洒于城阙。是知尧年之感，玄应在乎须史。舜日之谋，休征无复迟久。所树苗稼，忽若增膏。凡谓粮储，实将逾贱。觉超与乡村父老等，以戴以跃，不觉手舞于闾阎。乃泼乃止，自然足蹈于衢巷。无任抃踊之至，谨奉表陈贺以闻。①

其时在大历七年(772)六月二十日。觉超也是一直被皇帝留在宫中内道场念诵的僧人，他在《请辞内道场陈情表》中说："长生殿道场念诵沙门觉超、惠海等言：觉超、惠海等素无德业。滥目缁流，随侍先师，入出中禁。食分御膳，服减天衣，厩马公车，往来乘驾。因循岁月，十五余年。锡赉殊私，丘山已积。论功报国，纤芥曾无，抚己修涯。岂堪愧恧。且出家之人，受佛教令，精修功德，令处伽蓝。久在天宫，实贻物议，夙夜思忖，何情自安。特乞圣慈，降垂矜放，各归本寺，为国修行。福田所资，宁限中外，不胜虔恳之至。谨附中使李宪诚奉表，陈请以闻。沙门觉超、惠海等诚惶诚惧谨言。"②从这封陈情表可以看出觉超在不空圆寂之后，上表给代宗皇帝，要从内道场回归本寺。其中说到在宫中十五年之久，各种赏赐很多。当时上表的时间是大历十二年(777)五月二十二日，而代宗的回答是："师等妙行精修，坚持正觉。留在中禁，用广胜因。无去无来，何至辞让也。"两年后代宗驾崩，觉超不知所终。觉超有弟子契如、惠德二人。

---

① 《贺湫所祈雨表一首》，《大正藏》第52册，第854中。
② 《请辞内道场陈情表一首》，《大正藏》第52册，第854下。

历代传承

093

4. 惠果诸弟子

不空将国师的位置传给慧朗，慧朗圆寂后，惠果接替。惠果在位大概有十年左右的时间，他培养出了很多弟子，也是不空诸弟子中法嗣最多的一个。惠果传胎藏界灌顶阿阇黎位给成都惟尚，汴州辩弘，新罗惠日、悟真，日本空海，青龙寺义满、义明、义澄、义照、义操、义愍、法润，大兴善寺惠应、惠则十四人。受金刚界阿阇黎位灌顶的有惠应、惠则、惟尚、弘辩、惠日、空海、义满、义明、义操、义照、义愍、义政，龙兴寺义一，俗弟子吴殷，共有十四人。以上弟子中，两部大法兼具者则有惠应、惠则、惟尚、辩弘、惠日、空海、义满、义明、义照、义操、义愍十一人。

其他弟子还有义恒、义云、智兴、行坚、圆通、义伦、义润，河北义圆，合以上受金胎两部灌顶者，仅有记录的就有二十五人。从惠果诸弟子的活动范围来看，开元年间虽有从新罗、日本、东南亚诸国前来学习密法的外国僧人，但他们的活动地点都在当时密法的弘传中心长安，而到惠果时出现四川、河南、河北等地的僧人，说明密宗的发展已经扩大至更大的范围，并且形成弘传的分支。这些弟子中大多有弘扬密法的记载，其中法嗣得到延续的也有近十人。

惠应，大兴善寺僧人，有弟子文璨。《常晓和尚请来目录》中称："其文璨和尚，则不空三藏弟子，兼惠应阿阇黎付法人也。"《佛祖统纪》称唐宣宗大中四年(850)"日本国遣沙门常晓，入中国求释迦密教。"依常晓所记，文璨可能也在不空那里学习，但是并没有得到灌顶传承。后惠果将其密教管理的位置传给了惠应，但是当时经过会昌法难，宣宗励精图治，对佛教不像肃宗、代宗那般痴迷，因而惠应也不可能有不空、惠果那样的国师地位。《金胎两界师资相承》等密宗血脉谱牒中，都将惠应列在惠果弟子的首位。惠则紧随惠应之后，有弟子缘会、元政、文悟。其中元政为大兴善寺僧，日本僧人圆仁于开成五年(840)随他学习金刚界密法。

义操，青龙寺僧人。其弟子有同学僧义真、景公寺深达、净住寺弟子海云、崇福寺僧大遇、醴泉寺文苑，传付次阿阇黎位。以上五人兼具金胎两部大法法脉。义操弟子还有法润、义周、义圆、常坚、文秘、深达、从贺、新罗均亮、法全等人，以上诸人受金刚界密法灌顶。其中法润有弟子法全、惟谨、道升三人。义周，青龙寺僧人。惠果有一幅画像传世，现藏于日本。惠果中坐，旁边有一童子侍立，据说此人即是义周。

义真，青龙寺僧人。义操圆寂之后，继承了密宗灌顶主、内道场供奉的地位。义真两部兼具，精于胎藏界密法。其弟子有日本僧人圆行、圆仁。

5. 法全诸弟子

惠果传义操，义操传法全。法全是继义真之后，弘传密宗成果最为显著的僧人。法全随义操学金刚界密法，又从法润学胎藏界密法，因而他的弟子大都得受两部密法灌顶。法全有弟子安国寺敬友、永寿寺文懿、永保寺智满、兴唐寺自觉，新罗弘印，日本圆仁、圆载、圆珍、真如亲王、宗睿，青龙寺弘悦，俗弟子茂炫共十二人。法全之后，中土密宗传承逐渐衰落，法脉记载不明。

6. 智慧轮

智慧轮，乃唐代晚期活跃于大兴善寺之著名密宗高僧，只因其名不见于佛教密宗谱系，加之僧传记载颇为简略，因而对其生平事迹长久以来湮没无闻。直至1987年法门寺地宫出土唐代密宗供养物，其中有多件智慧轮供施物及其铭文，方才引起人们所关注，但对其生平籍贯以及师承关系仍不甚明了。以前，国内外学者或以为是不空之三世弟子，或以为是西域译经僧，并有梵名般若斫迦，或曰般若惹羯罗，或般若斫羯罗。经吕建福教授的考证，按宋陈思《宝刻丛编》卷八《唐兴善寺普照大师碑》，"唐给事中张同撰，礼部侍郎崔厚书。大师名智慧轮，姓丁氏，京兆杜陵人，善西域咒法。咸通中，赐号遍觉大师，所居曰大教注顶院。僖宗初，谥普照大师，塔曰彰化碑，以乾符四年（877）立。"[1]又元代骆天骧《类编长安志》卷

---

① [宋]陈思：《宝刻丛编》卷八，文渊阁四库全书本。

历代传承

z

c

五"澄襟院"条："《城南记》唐左街僧录遍觉大师智慧轮之院也，在万年县孙村，殿前后庭中有凌霄花、八柏树。引北岩泉，架竹落庭注石盆，莹澈可挹，使人不觉忘虑。"①称其为"左街僧录"。

智慧轮于唐宣宗大中年间(847～859)，行大曼荼罗法，受灌顶，成为传法阿阇黎。其善达方言，深通密语，译有《般若波罗蜜多心经》、《摩诃吠室啰末那野提婆喝啰阇陀罗尼仪轨》各一卷，又撰述《圣欢喜天式法》、《明佛法根本碑》、《示教指归》各一卷。大中九年(855)十一月，在长安大兴善寺，为日本入唐僧圆珍传授两部大曼荼罗之秘旨及新译《持念经法》。懿宗咸通二年(861)十一月，赠圆珍《新经法》及《决义》等书。而且，智慧轮亦正是当年亲自策划和组织法门寺迎送佛骨活动者之一，《物账碑》将他所供奉的物品单独列出，显然是如实记载并为突出其地位之尊崇及在法门寺组织"结坛于塔下"的特殊作用。特别是他所供奉的银函，曾用于迎送供奉佛指舍利。

智慧轮在会昌五年(845)灭佛以后，以密宗高僧的身份参与法门寺地宫舍利安奉，并以密法安置了各类供养品，结成密宗曼荼罗世界。有学者认为智慧轮是不空的再传弟子，但是各种密宗的法脉传承的文献中未见记载。法门寺地宫出土的文物多与密法相关，也成为当代密宗文化流行的原因和契机。

7. 唐以后密宗文化的流传

晚唐五代时期，战乱频仍，加之佛教史上称为"三武一宗"的灭佛事件在一百余年的时间里发生了两次。佛教经隋、唐初盛极一时，中晚唐时在经济、生产等方面与政治的矛盾逐渐突显，唐武宗于会昌五年(845)发动了声势浩大的灭佛运动，佛教从此一蹶不振。五代时期战乱频仍，佛教遭到了严重的破坏，而且又一次遭到了政治的严厉打击。周世宗(954—959年在位)"即位之明年，废天下佛寺三千三百三十六，是时中国乏钱，乃诏

---

① [元]骆天骧：《类编长安志》卷五，明钞本。

悉毁天下铜佛像以铸钱。尝曰：吾闻佛说以身世为妄，而以利人为急。使其真身尚在，苟利于世，犹欲割截，况此铜像，岂有所惜哉？由是群臣皆不敢言。"①此即周世宗排佛，"当年废寺院30336座，存2690座"。②隋唐时期盛极一时的宗派佛教从此一蹶不振，密宗也在此时急速地衰落。

公元960年，宋太祖赵匡胤发动陈桥驿兵变建立宋朝，六月即下令"诸路州府寺院，经显德二年(955)停废者勿复置，当废未毁者存之"，③周世宗的限佛政策也随之停止。"宋太祖亲身经历过周世宗灭佛事件，既了解这种做法在短期内抑制佛教恶性膨胀的积极作用，又看到过它所造成的人心浮动、不利于社会稳定的负面影响。因此，他强调发挥佛教维护社会政治稳定的同时，又注重消除其可能引发的社会动荡。"④故在即位之初即度僧尼8000人，又于乾德五年(967)七月下《存留铜像诏》："禁铜以来，天下多辇佛像赴京销毁。顾惟像教，民所瞻仰，忽从镕废，有异修崇。应诸道州府有铜像处，依旧存留，此后不得以铜为像。"⑤开宝四年(971)太祖下令在益州开雕《大藏经》，由此拉开了藏经雕刻印刷的历史帷幕，对佛教文化的传播影响至深。

虽然灭佛政策的实行时间和地域都相对有限，宋代开始佛教在民间信仰还大量存在的基础上迅速复兴，但是密宗自身传承的特点，相对禅宗、净土宗等民间化开始较早的宗派，仍有很大的局限性，因而便逐渐成为历史的绝响。密宗传承的形式在中国断失，固然与这些历史环境有关，但也是其自身的传承方式所决定的。唐武宗和周世宗灭佛后，密宗的弘法活动仍有发展。

唐武宗灭佛是对整个佛教的打击，并没有专门针对密宗，而且灭法运

① [宋]欧阳修：《新五代史》卷十二，中华书局，1974年12月，第126页。
② 闫孟祥：《宋代佛教史》(上册)，人民出版社，2013年12月，第14页。
③ [宋]李焘：《续资治通鉴长编》卷一，建隆元年六月辛卯，中华书局点校本，2004年，第17页。
④ 魏道儒：《中华佛教史》(宋元明清佛教史卷)，山西教育出版社，2013年7月，第21页。
⑤ 《宋大诏令集》，中华书局，1962年，第860页。

历代传承

动前后几年时间，不能彻底决定一个宗派的盛衰。灭法期间，密宗北印僧难陀、南印僧宝月及其弟子、日本僧圆珍等被遣回国，也不至于传承断失，大中九年(855)即有法全、智慧轮在青龙寺、兴善寺为日本僧人圆珍、圆载传法。武宗以后几位皇帝大都崇信佛法，对密宗也多有青睐。咸通十四年(873)迎送法门寺佛指舍利时，仍有兴善寺智慧轮、智英和灵州百草谷无迹等密宗僧人参与，并担任重要职务。

宋太平兴国六年(981)北印僧人天息灾、施护相继入宋，太宗敕建译经院，次年赐法天、天息灾、施护各为传教大师、明教大师、显教大师，各译一经。太平兴国八年(983)经典译出，令选五十余人学习，其中惟净从天息灾受法。天息灾、施护所译经典是在北印度孟加拉国、奥里萨地区波罗王朝时期兴起的无上瑜伽一系，也就是俗称的左道密教。所译《一切如来金刚三业秘密大教王经》和《大悲空智金刚王仪轨经》中含有印度教性力派的"大乐"思想，推行灌顶、双修、轮座等密法，与中国传统伦理道德极不相符，统治阶级直接干预，只允许密教在封建上层活动。然而，这也不是密法衰落的根本原因，排除这部分思想在外的信仰体系并没有被禁绝。宋代不仅是佛教宗派合流，佛教的各个宗派都选择了新的存在和流播形式。密法对儒家文化和道教图谶、阴阳等都有所吸收，以至于难以区别。

明代初期，对于宗教的政策性管理是基于宗教自身演变的现状而制定的，所分禅、讲、教三科，都适合密法思想的传续，密宗的因素渗入到各个宗派的修行仪轨、法事仪轨当中。

8. 民国密宗

密宗在民国的复兴，也是和当时的历史环境紧密结合的。密宗的复兴，主要由于当时僧人意识到发祥于我国的密宗传承不明，而在日本密宗法脉得到了很完整的延续。出于密宗师徒相授、秘不示人等传承方式，当时佛教界掀起了东渡日本学习密法的热潮。所以，民国期间的复兴，也可称为密宗法脉从日本回传中国的过程。

据黄英杰教授考察：日本真言宗在亚洲的海外布教，几乎是和随军布教同步的，时间从明治 27 年(1894)的甲午战争，直到昭和 20 年(1945)8月 15 日，二次世界大战日本投降为止，长达 52 年。当时还有真言宗新义系《密严教报》和古义系的《传灯》等文宣配合。因而，佛教界就有了反应，"首先是日本密宗向中国的传播。直接刺激中国复兴密教的，是第一次世界大战期间日本政府趁机向当时北洋政府提出《二十一条》，其中要求中国允许日人来华传播佛教，特别是中国早已失传的绝学——与中国密宗一脉相承的日本密教。"①

这一时期(1921—1935)回传密教最为有名的是大勇、持松、显荫、能海等人。大勇于 1922 年随觉随与持松、纯密联袂东渡，后就学于高野山密宗大学，经一年余得阿阇黎位回国。回国后即在上海开坛讲法灌顶度人，后来到杭州开坛传十八道法，再应邀至武昌佛学院先后开坛十次授法灌顶二百三十余人。当时，持松亦在武汉宝通寺开坛传法，密教回传之法可谓盛极一时，在武汉佛教界引起极大反响。后来几十年中，密教回传因种种因素又淡出了历史。

对民国时期密宗复兴的现象，太虚大师曾有过这样的观点："兹且一言其动机：日本为密宗中心之佛教，其宗义亦异开元之旧，杂于国俗私见，而我国清季留日人士，往往传其说。李证刚既译日文之《西藏佛教史》，侈谈密教，桂伯华且留学焉。民国四年，欧战方酣，泰西各邦无暇东顾之时，日人乘机暴发其素蓄谋我之野心，以二十一条胁迫我政府，其第五条即要求日人在华有传教自由权；藉传教之名而行其帝国主义之实，其含有政治色彩，路人皆知也。故当时华人无分缁俗，莫不痛斥其非。诚以日本佛法，实取诸中土，云何复来传？是不异子哺母乳，理何可通？而日人则借口谓：日本佛法虽传承支那，而今日本之密教，极为发达，中土则早成绝学。职是之故，我华缁俗虽明知其为政治利用文化侵略之计策，然以中土密教诚

历代传承

---

① 何建明：《中国近代密教文化复兴运动浅探》，华中师范大学学报，2009 年 5 月，第 3 期。

绝，固亦末如之何也！以故、尔时缁素受此重大刺激，对于**密教问题**，**渐渐**注意：有陈某着中国之阿弥陀佛，历言日本密宗之宗义；予于是年着整理僧伽制度论，亦主派人留日、留藏习密，以重兴我国之密宗。至民国七年，王弘愿将日文之《密宗纲要》议华传布，余时在沪主纂《觉社丛书》，得之广为流播，极力提倡，冀中国密教早日恢复。未久、而密教之声，竟遍中国矣！"①

黄心川先生认为：太虚开始赞成复兴密宗，后来又变成了批评密宗，究其原因，还是在于密宗传入后扰乱了已经构成的佛教格局。由于王弘愿等人接受了日本密僧权田雷斧的灌顶，王等人自立道场，公开讲法，在佛教界引起"白衣说法"是否具有合法性的争论。另一方面，**藏传佛教活佛**进入汉地，由于活佛要吃荤喝酒，在太虚看来这是"形服同俗，酒肉公开，于我国素视为僧宝之行仪，弃若弁髦！提倡者迷着既深，先丧其辨别真伪是非之心。"中国佛教吃素的传统将被破坏殆尽。更重要的是中国佛教原来已经形成的禅净一致的朴素风格，在密宗的冲击下，将要再次重新洗牌，"今者非法之密风侵入，与夫国人迷着之提倡及盲从之附和，于是学者瞀惑乎新奇，黠者剽窃以裨贩，涣汗纷挐，漫无轨道，至使我国禅、讲、律、净调和一致之教风，顿陷于极混乱之状态，渐有弁髦戒行，土苴净业之危险！向称佛刹精华、祖规森严之江浙，今亦染斯颓风，方兴未艾！"②因此在这个背景下，太虚提出了"当学日密、藏密纳于律仪教理建中密"和"密宗寺当为一道区一寺之限制"的主张，要求撷取日密和藏密的精华，将其纳入"律仪教理"，建立中国密宗，而中国密宗的寺院不宜过多，每一地区只能有一所而已。黄心川先生还指出：密宗在民国的复兴或重新立宗，不仅仅是改变中国佛教的根本形象问题，而是关系到中国佛教的命运问题，正因为这个问题十分重要，因此才引起太虚的议论和批评。但是太虚的批

---

① 太虚：《中国现时密宗复兴之趋势》，《海潮音》，1925年，第8期。
② 同上。

评并没有阻挡密宗的发展，以融合汉藏两传佛教为特点的清海法师的一系具有藏密特点的密宗在汉地佛教最终传播开来，成为中国佛教中的又一支特色宗派，在西藏学习的学问僧法尊法师也成为学界的著名学者。而受日本影响的真言宗一派，则没有在中国传开，像留学日本高野山的持松法师，以及他住持的上海静安寺等，在中国佛教中最后也融入了禅宗的洪流。

1937 年日本发动全面侵华战争，这次的密宗复兴也随即终止。由于这段特殊的历史背景，民国时期的密宗复兴可谓昙花一现，密宗回传最终也没有实现，但是对当今密宗的继续发展却有重要的启迪作用。

（二）海外传承

密宗的海外传承，主要指在朝鲜半岛和日本的传承。朝鲜半岛有玄超、不可思议等人先后在中国求法，其中玄超为不空弟子，付法于惠果，影响较大。但是他们来中国学习密法后，主要在中国弘传，对本国佛教的发展没有较大的影响。

日本与我国的文化交往历史久远，见诸于历代史书。唐代时，日本全面学习唐朝文化，先后多次派出遣唐使，僧人也随遣唐使前来学习，而影响最大的当属空海和最澄以及他们的弟子，史称入唐八家。空海入唐求法，拜入惠果门下，将唐朝流行的密教新思潮及时传回日本，并做出创造性的贡献，在高野山金刚峰寺创建真言宗，成为平安时代日本佛教思想的主流，对日本佛教史产生了深远的影响。最澄有弟子圆仁和再传弟子圆珍，他们使天台宗和密宗融合并体系化，建立了显密各半的台密。

1. 真言宗祖师空海传承

空海(774—835)，自幼习儒，于唐德宗贞元二十年(804)到达长安，先住西明寺，后在青龙寺东塔院拜入惠果门下，得授胎藏、金刚两部大法，得传阿阇黎位。惠果以两部曼荼罗及道具、法器相赠，期以厚望。806 年空海回国，带去大量的经典及法器道具，其中新译经书占三分之一，回国

之后即进行创宗立派的工作。817 年空海于高野山建立修行道场，只留研
习密宗僧人止住，真言宗即依此寺为中心建立起来。空海在日本建立的密
宗宗派，继承唐朝传统之外，更在学说思想上有了很大发展，具有创发性
的理论则是他的六大缘起论、十住心判教论和四种法身论、即身成佛论等。

空海

　　空海弟子圆行在唐拜义真为师，又在大兴善寺从中印度难陀阿阇黎问
道，回国时青龙寺及密宗诸大德以惠果遗物相赠。圆行回国后，创建灵岩
寺，是为灵岩寺开祖，又创建播磨大山寺，广弘密法。其真言宗一系，还
有常晓、惠运、宗叡诸师前后来唐朝学习密法，回国时携带大量文书经典，
其中大部分为新传入中土的密教思想。宗叡还曾在大兴善寺从智慧轮大师
学习密法。

　　真言宗在日本一千二百多年，传承谱系明确，修法仪轨完整，至今仍
保持着比较强盛的发展势头。

2. 台密祖师最澄传承

　　最澄，生于称德天皇神护景云元年(767)，俗姓三津首，自幼喜好佛法，
十二岁(779)从奈良大安寺行表出家，学习唯识章疏等，后赴南都，开始学
习鉴真带去的天台经疏，首次接触了天台教法。二十岁时在东大寺受具足

戒。之后感当时佛教界混乱不堪，便独自隐于比叡山结庵寺修行。此间研习《法华》、《金光明》、《般若》等大乘经典及智顗《摩诃止观》、《法华玄义》、《法华文句》、《维摩经疏》、《四教义》等著作，开始对天台宗的义理产生浓厚的兴趣。其时又感日本只有权教、小乘教，而无一乘教法，便在比叡山宣讲天台教理，名声轰动一时，引起了桓武天皇的重视。延历二十二年(804，唐贞元二十年)四月，在天皇的许可与支持之下，以"还学僧"的身份携弟子义真为翻译，入唐求法，但却因风暴而返，便待第二年(805)七月又赴之。

是年九月，最澄一行于明州(今宁波)登岸，随后至台州(今浙江临海)龙兴寺从受邀在此宣讲《摩诃止观》的道邃受天台教法与"三聚大戒"。此后，又登天台山，从佛陇寺行满受天台教法。拜别行满，又至天台山禅林寺，从翛然受禅宗牛头法融一脉禅法。在这之后，于贞元二十一年(805，日本延历二十四年)四月，到越州(今浙江绍兴)龙兴寺，随顺晓受密宗灌顶，并受金刚界、胎藏界两部曼荼罗、经法、图像和道具等。这样，最澄便共接受了天台、密宗、禅及大乘戒法四种传授，即所谓"四种相承"，奠定了其所创天台宗特色的基础。

同年五月，最澄便随日本遣唐使回国。回国后，最澄得到了桓武天皇的高度重视与支持，归国当年七月，便受敕为南都八位高僧讲天台法门，又于高雄山寺设立法坛，为另八位高僧举行灌顶，是为日本灌顶之始。第二年，即大同元年(806)，天皇下诏准了最澄所表要在华严、三论、律、成实、法相、俱舍六宗之外"更加天台法华宗"之事，于是天台宗在日本正式立宗。

圆仁，生于延历十三年(794)，俗姓壬生，是最澄的弟子。十五岁(809)时随广智禅师登比叡山成为最澄弟子，二十一岁(815)受沙弥戒，二十三岁(817)受具足戒，同年受灌顶，二十四岁(818)受菩萨大戒。承和三年(836)，圆仁乘遣唐使船欲入唐，却因风暴而返，两年后(唐开成三年，838)又以"还学僧"身份入唐，住扬州开元寺，期间数次上奏请往天台山求法，均被拒绝，而归国期限却近。圆仁因不甘未有所学而返，遂于开成四年(839)隐于渝州(今江苏连云港)东海县东海山人家。之后，圆仁登五台山，从大华严寺志远、文鉴等人学习《摩诃止观、》《法华玄义》等。开成五年(840)，又转至长安，从大兴善寺元政处受金刚界灌顶、图写曼荼罗，从青龙寺义真处受胎藏界灌顶，学《大日经》中"真言印契并真言教中秘密法要"等，于玄法寺法全处受胎藏仪轨，又随印度僧宝月学习悉昙章，从丰醴泉寺宗颖学习天台止观。后逢唐武宗发动"会场灭佛"事件，被遣回国。

在唐期间，圆仁共求经论念诵法门及章疏传论等共六百多部一千多卷，胎藏、金刚两大曼荼罗，以及坛像、舍利、高僧真影等数十种。回国后，又奏请在比叡山建总持院，设灌顶坛，置僧14人专修密教。从这其中，就可见圆仁对密教的重视。最澄创宗之时并重台、密，以《大日经疏》探讨天台学说，而至圆仁，则转为以天台思想阐释密教义理、指导密教修持，思想中心已经产生了偏差。

圆珍，生于弘仁五年(814)，俗姓和气。十五岁入与最澄一同入唐的义真门下，十九岁受戒为僧，三十三岁便成为延历寺真言学头。仁寿三年(853)入唐求法，第二年(唐大中八年，854)到天台山国清寺，从物外学习天台教义，亦受教于开元寺良谞。大中九年(855)入长安，从青龙寺法全受胎藏界灌顶、金刚界灌顶、苏悉地大法、三摩耶戒及阿阇黎位灌顶，又从大兴善寺智慧轮受两部曼荼罗。大中十二年(日天安二年，858)回国。回国时，圆珍带回毗卢遮那宗教法兹图像道具，及国清、禅林寺传得智者大师所说教文、碑铭等，并诸州所获别家章疏，总计三百四十一本，七百七十二卷。

安然，生于承和八年(841)，是圆仁的弟子，幼年从圆仁出家，19岁受菩萨大戒，圆仁圆寂后从遍昭受胎藏法。安然曾欲于中观十九年(877)入唐求法而未果。之后一直在比叡山五大院中研习、著论。安然一生著作颇丰，共有百余部，重要的有《胎藏界对受论》七卷、《金刚界对受论》八卷、《苏悉地对受论》二卷、《观中院撰定事业诸顶具足支分》十卷、《大日经供养持诵不同》七卷、《教时问答》、《教时诤论》、《真言宗教时义》四卷等。以上著作皆围绕密教事理展开，仅从此就可看出安然对密教之重视非同一般。密教的地位在安然手中发展出了统摄其他教法的高度。

3. 东密与台密的比较

日本天台宗为最澄（767—822）入唐求法归国后在比叡山所创，创宗时以台、密、禅、律四法圆融为特色，尤其重视台、密二教。在日后的发展中，天台宗的重心逐渐转移到围绕密教展开。宗派初创时，天台宗的密教并未真正形成，台密思想从出现到完全确立，经过了一个相对漫长的时期。最初最澄创宗时主张台密一致，并重台、密；后圆仁（794—864）提出了圆教理密而密教事理俱的密判教思想，是为台密之形成；之后又经圆珍（814—891）五时判教论的发展，更进一步认为圆劣密胜；而最终完成则是安然（841—903？）所提出的一大圆教论的判教思想。从台密完全形成的过程，我们可看出日本天台宗的密教思想愈来愈重的发展脉络。

日本密教的传承，除台密外，还有东密。所谓东密，即真言宗，因以东山为根本道场而称此名以区别于台密。在空海的判教思想之中，天台宗属于显教，并且在华严之下。对于天台宗"圆密一致"的观点，空海并不赞同。在最澄创宗之初，空海便从说法之佛、所说之法、成佛快慢三个方面对"圆密一致"的思想进行过批驳，坚持密胜圆劣的观点。对此，最澄相应地做出了批判与解释，并且在最澄之后，圆仁、圆珍、安然也仍围绕上述三个方面对这个问题进行过不同的论述。以上三个问题的论述，乃是天台宗阐述台、密关系的重心，下文从最澄、圆仁、圆珍、安然四人对这三方面的论述来梳理日本天台宗密教的形成之路。

1）关于说法之佛

空海认为，密教乃法身佛大日如来所说，而显教则是报身、应身佛释迦如来所说。对此，最澄解释说，法身、报身、应身三身本是一体的，如同法身涵容报、应二身，报身也含有法、应二身，应身也涵藏有法、报二身。释迦如来并非菩提树下新近悟道而成的佛，而是久远劫之前业已成佛的本佛本地垂迹，实与大日如来异名同体。

对于佛身问题，圆仁从批判显教(圆仁的显教与空海所判的显教不同，指台、密之外教门)的角度也展开过讨论，认为三身佛之说有违于密教理具即身成佛的义理，说"理内三身者，三身俱遍法界，无有优劣"。这种看法是同圆仁四一判教思想相联系的，一切佛与一佛的差异在悟与未悟之间抹消，正是诸佛实为同体不异观点的发展。圆仁的这种观点并非针对空海的责难而提出，但仍旧是为"圆密一致"的天台核心思想做论证，其"三身无有优劣"的观点事实上也解决了因说法之佛的差异而引起的质疑。

圆珍则从全新角度对说法之佛间的关系进行了阐说。首先，圆珍从境、智、用三个方面来释说三身佛，认为"就境为法身，就智为报身，起用为应身，以得法身故常恒不变"，从而认为佛的三身并无高下、优劣之分，"法华三身，平等一体，皆妙皆圆，一相一味，本末齐等"。因为"三身一体"，圆珍便又提出释迦与大日如来同体，认为"一切如来三身之体，皆等毗卢遮那法身相好"。可以看出，圆珍的三身一体思想，是以密教为旨归的，这也契合了圆珍的五时判教说。也是与此相关，在视释迦、大日如来为一体的基础上，圆珍又加上了一字佛顶轮王，将三者视为同体。佛顶尊是释迦入佛顶三昧时的释迦佛顶和大日入三昧时的大日佛顶，一字佛顶轮王是大日入三昧时所说的真言一字的人格化，圆珍在此将一字佛顶轮王置于了统摄地位：因为佛顶王是法身之体，所以法华与杂曼荼罗的教主释迦和密教的教主大日，均被归摄起来，成其三身一体。

圆珍之后，安然也论述了释迦和大日如来同体。安然实际是从释迦具足三身佛性和大日具有四身间会通了释迦与大日的关系，一方面，大日如来是法身佛，释迦佛本身具足其佛性，另一方面，说"丈六身即毗卢遮那，故知真言大日处他受用，以此为门，开显内证；显教释迦主变化身，以此为门，开显内证。若从外迹，证入内证，即于一身，具足四身。"意即毗卢遮那佛是大日如来在他受用身，释迦佛是大日如来在变化身，都是度化之径，从这一点来说，不管是哪一身，都具足四身之性。因此，天台所说的释迦佛与密教所说的大日如来实为同体，此即彼，彼即此。

2）关于所说之法

空海指出，密教是显示法身佛内自证的境界，显教则是报身、应身佛所说的三乘、一乘教法。这实际上体现在判教思想中。空海在进行教相的判释时，将真言宗判为佛乘，高于一切小乘、大乘法门。在空海看来，天台教法也不过是显教中一个阶段，属于大乘，并不能与密法相一致。

对于空海的责难，最澄从圆密一致的角度，进行反驳。最澄在中国接四法，以之为立宗之基，尤重台、密两宗之学。在对待台、密的关系上，最澄认为"圆密一致"，并重天台与密教思想。在最澄的思想之中，对大乘诸教也有细分，视华严、般若等为一般大乘权教，是显，而法华与密教则是真实之教，共为佛乘，同样都是释迦或大日的自证境界。他对台、密的态度是一视同仁的。最澄将天台学业分为"止观业"和"遮那业"两大类，即法华圆教与真言密教。在其上书天皇另立天台宗的奏表中，就提出天台每年所度两名僧人"一人令读《毗卢遮那经》，一人令读《摩诃止观》"。最澄重视密教，是因为《大日经疏》是以《法华经》的思想来解释《大日经》的教义，这是最澄"圆密一致"思想形成的契机。这时天台密教的雏形在此已经出现。

圆仁对天台"圆密一致"做出了新的解释。最澄立宗之时，提出"圆密一致"，继承了密教的理论与修持方法以及天台宗的义理与论述，也沿用了中国天台宗的判教思想，但并未对他同时继承的显、密进行教判，而圆仁则在最澄台、密并重的基础上发展出了他的判教思想。圆仁首先以"随他意"、"随自意"区分了显、密二教。所谓"随自意"，指以佛自显之真实秘意，依随自意所说之法为密教，是一乘教；"随他意"则是随顺众生之机情，而施各种方便，依随他意所说的教法就是显教，包括诸三乘教。随后圆仁又以"事密"、"理密"对诸经典进行判释。"理密"就是说世俗、胜义圆融不二，即圆教所述佛教真理；"事密"则是如来身语意密，即具体的修行印相等。依次，《华严》、《般若》、《法华》等经说为理密教法，而《大日》

《金刚顶》《苏悉地》等经说则为事理俱密教法。通过这样的判释，圆仁将台、密共置于一乘教法中，体现了"圆密一致"的思想。这是针对空海显密判教思想所提出的判释，将天台教法融入于密教之中。但是，在这样的判释中，其思想中心实际上已经向密教偏转了。圆仁通过理密与事理俱密的区别将密教的地位抬高到了天台教法之上。天台教法述理而不述事，理虽殊胜，却不如事理俱述的密教教法优胜。显现出了"事胜理同"的思想。这样一来，日本天台宗的密教就算是形成了。

之后，圆珍创造性地发挥了智𫗱的判教论，提出了五时判教论。所谓五时，是指依据佛所说法的时间来将经典排序，依次是般若时、阿含时、方等时、华严时、法华涅槃时。在这五时中并未提及密教。圆珍则将密教列入第五时中，且将第五时分为初法华、中法华、涅槃、后大日。这是对"圆密一致"的新解说，一方面解释了天台教法与密教教法的关系，另一方面，事实上是对中国天台宗对密教不甚重视的反驳。日本天台宗人德圆曾就密教应属五时中第几时摄问过宗颖，宗颖答曰"可属第五时摄"。然而圆澄所整理的三十条疑问的第二问中，记载广修、维蠲等回答说"第三方等部"。圆珍的新五时判教论很大程度正是基于对此说的驳斥。如果说圆仁对密教"事理俱密"的判定表现出了密教"事胜理同"的重密轻台倾向，那么在圆珍的思想中，"显劣密胜"则表达得更为明显、直接，将密教提到了最高地位之上。

对于"圆密一致"，安然也有新的解释。安然提出一大圆教论，以四一之说来判释显密，首先设佛时处教四个方面，又讲"一切佛名一佛，一切时名一时，一切处名一处，一切教名一教"，认为三世十方一切诸佛所说一切教法实同是如来秘密之藏，是"大日一身，一平等时，一法界处，说一切法"。故"真言宗一佛，一时，一处，一教，摄三世十方一切佛教"。很显然，在安然的体系中，密教处于最高位，且是统摄位，一大圆教论实质是一大密教论。与此同时，安然还提出了五教说，发展天台宗八教中的化法四教，藏、通、别、圆之外，又加密教，将密教单独提出置于天台宗之上。天台宗在安然手中，已经将重心完全偏移到密教之上，已经很接近完全的密教派别了。

从这条脉络中，我们很清晰地看到，台密发展壮大之路，也是日本天台宗越来越接近完全密教派别的发展之路。但是同样，从中也可以看到，天台宗虽在不同时期、不同思想派别的人对其有不同的阐释，甚至愈来愈重密轻台，但"圆密一致"却始终是天台宗人坚持的原则，也是天台宗思想的基石。

3）关于成佛快慢

空海认为，修持密教可以即身成佛，而显教则要经历三大阿僧祇劫或十一劫的修行、磨炼才能成佛。在空海的思想中，生成法界一切的六大（地、水、火、风、空、识）之间是相互通融的，所以凡圣不二、众生即佛，于是众生可以通过修行，将自己的三密（身密、语密、意密）与佛的三密相应，从而能够即身成佛。在空海看来，这是显教无论如何也不可能企及的。而最澄则加以反驳，认为成佛快慢的真正缘由在于修行者个人，而不在显、密之别，况且《法华经·提婆达多品》中所述七岁龙女向释迦献珠宝后急速成佛的故事与密教的"即身成佛"相通不异，更申述了"圆密一致"的理论。

圆仁对成佛快慢并无直接论述，但却对修习显、密的功用做了区别阐述。时有人问曰："二教俱有转报义者，显密二门有别耶？"答曰："于显教而有两经，若浅经说报不可转，若深经说报有转义。虽说转报，而有迟速。譬如有人手执刀杖，不着甲胄入群贼中，倘胜一人，或为贼所害。显教转报，亦复如是。未被如来三密甲胄，虽有少解行，而无速转义，或为报障之所逼害。……若秘密不尔，三密甲胄，着法界体，定慧之手，执持阿字利剑，如来要誓，事理兼备，无灾不除，无乐不与。"很明显，对于修行显、密的果报速度及成效，圆仁区分得十分明显。需要提醒的是，在圆仁的判教中，天台教法属密不属显，所以此段话并不代表圆仁对天台修持果报的否定。然而，从"事理兼备"一句中也可以看出，圆仁还是重讲密的。由此可以看到天台宗发展至圆仁，台、密关系的变化。

密法修行果报随着台密的发展不断提高，到安然的时候，对密法修持的重视达到了一个高度。安然将圆仁以前提到的苏悉地修法纲领化、规范化，即十八道纲，规范结十八道印契。在这些之外，安然将"吽"字一字真言放至极高地位，认为经常持诵此真言，能破"见思、尘沙、无明"三惑。此三惑是天台宗所提出的，天台宗本认为这三种惑分别能为声闻、缘觉，菩萨和佛所破，然而这里安然所讲的，是依靠诵持"吽"字真言，即可俱破三惑，急速成佛。从中我们可以看出，台密发展至安然时，修持方面的思想以及修持方式都已经十分接近东密了。

五、祖庭沿革

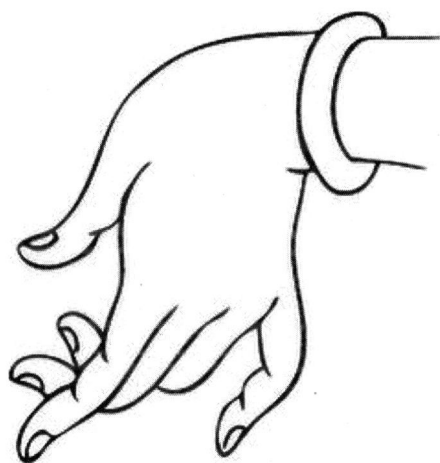

所谓祖庭，就是中国汉传佛教各宗派的发源地或具有发源地象征意义的寺院，而所谓一个宗派的发源地是指该宗派祖师尤其是创教祖师著书立说、修行实践、弘法传教的寺院；所谓具有发源地象征意义的寺院则是指该宗派祖师尤其是创教祖师圆寂后舍利供奉的寺院。所谓创教祖师是指历史上公认的该宗派创立时期为该宗派的正式形成做出巨大贡献的祖师。因为中国汉传佛教宗派很多，而一个宗派的形成必然经过数代的努力，所以一个宗派内部也有多个创教祖师，加之一个祖师的活动地和舍利供奉地一般不会限于一个寺院，于是，一个宗派肯定是有多个祖庭的，而整个中国汉传佛教的祖庭就更多了。[①]

关于祖庭的标准，至今还没有一个权威而统一的说法。李利安教授认为，凡是符合以下任何一种条件的寺院，均可视之为祖庭：第一，在历史上被奉为一个宗派之祖师的人，生前著书立说、译经弘教、收徒传法的寺院；第二，在历史上被奉为一个宗派祖师的人圆寂后舍利供奉之地；第三，被奉为祖师的人出家和驻锡过的寺院。

李利安教授认为按照这个标准，历史上的佛教祖庭应该是很多的。但是，由于以下原因，今天被奉为祖庭的寺院为数不多：第一，很多具有祖庭资格的寺院早已湮没无存，如净土宗祖庭长安光明寺和实际寺，三论宗祖庭长安定水寺和日严寺，华严宗祖庭义善寺和云华寺；第二，被奉为祖庭的一般只限于创教祖师生前活动地和圆寂后舍利供奉地，而中国佛教宗派的形成在宋代之前就已经完成，所以，祖庭一般仅指宋以前各宗派祖师活动地和舍利供奉地；第三，受中国传统宗法制的影响，寻根问祖习俗更容易趋向一个单一的祖庭，所以一些在理论上可以被奉为祖庭的寺院并没有受到应有的重视，甚至失去了祖庭的名分；第四，八大宗派在隋唐时代成为中国佛教理论创新和理论昌盛的标志，为印度佛教在中国的扎根和中

[①] 李利安：《关于汉传佛教宗派祖庭的一些想法——以陕西汉传佛教宗派祖庭为例》，洪修平主编《佛教文化研究》第二辑，江苏人民出版社，2015 年 4 月。

国佛教发展奠定了雄厚的基础，而在宋以后，这些宗派的历史影响力大降，在禅净合一的总体格局下，宗派特色消失，中国佛教实现了历史的转型，所以，除了禅宗的传承依然维系之外，菩萨信仰、经忏佛事、念佛往生、行善积福等成为佛教的主流，彻底淹没了宗派形态的佛教，而建立在宗派基础上的祖庭自然大受冷落，不受重视；第五，中国的佛教宗派不像日本那样强烈，若以日本的宗派为标准，甚至可以说中国没有宗派，尤其是禅宗之外的各个宗派，传承谱系并非绝对严格，祖师的追奉也很随意，甚至存在争论，权威性受到一定程度的影响，这也会影响到对祖庭的追奉；第六，很多人对佛教历史不是很清楚，尤其是对佛教历史与现实的佛教寺院之间的关联不够重视，不了解与祖师有关的寺院今天是否存在以及今天的寺院是否为历史上祖师的活动地，所以，很多祖庭处于无名分的状态。仅以陕西为例，若按照公认的祖庭标准，悟真寺和圣寿寺则可视作净土宗的祖庭，因为善导生前曾经在悟真寺弘法和修行，印光祖师生前曾驻锡圣寿寺而圆寂后部分舍利也供奉于此；草堂寺也可视为华严宗的祖庭，因为澄观和宗密都曾经在这里著书立说，为华严宗的发展壮大做出了重要贡献；大荐福寺可视为密宗的祖庭，因为金刚智曾经在这里译经传教。但因为上述原因，这些寺院一般并没有被认定为祖庭。可见，所谓祖庭，不但是历史已经给予的馈赠，而且是经历时光冲刷淹没之后的现实遗存，更是当今世人的一种公认，堪称一种独特而珍稀的佛教文化资源。

　　依据李利安教授所提出的祖庭标准，就目前掌握的文献资料和寺庙的现状而言，密宗祖庭现存的至少有西安大兴善寺、青龙寺、大荐福寺，洛阳大福先寺、广化寺五座。其中大兴善寺是密宗祖师不空长期驻锡弘法之地，其祖庭地位无可争辩。青龙寺为惠果和尚驻锡弘法之地，日本弘法大师空海等密宗高僧在此受惠果灌顶，其祖庭地位亦为世人公认。大荐福寺据《金刚智传》载"开元己未岁达于广府，勅迎就慈恩寺，寻徙荐福寺。所住之刹必建大曼拏罗灌顶道场度于四众。大智、大慧二禅师，不空三藏，皆行弟子之礼焉。……十八年于大荐福寺又出曼殊室利五字心陀罗尼、观自在瑜伽法要各一卷。沙门智藏译语。一行笔受删缀成文。"其中"寻"意为顷刻、不久。由此可见，金刚智刚开始住在大慈恩寺，但时间很短，并没有开展传法、译经等活动，很快到了大荐福寺，并在这里开坛灌顶，传法度人，翻译经典。而大荐福寺今天依然存在，因而也应该是密宗祖庭无疑。《善无畏行状》中称："十二年随驾入洛，于大福先寺安置。沙门一行请三藏和尚译《大毗卢遮那成佛神变加持经》一部七卷。"即《大日经》是善无畏在洛阳大福先寺所译，因而大福先寺也应该是密宗祖庭。据《善无畏传》载："二十三年乙亥十月七日，右胁累足，奄然而化。享龄九十九，僧腊八十。法侣凄凉，皇心震悼，赠鸿胪卿。遣鸿胪丞李现具威仪，宾律师护丧事。二十八年十月三日，葬于龙门西山广化寺之庭焉。定慧所熏全身不坏，会葬之日涕泗倾都。"广化寺为善无畏圆寂后的下葬之地，因而也是密宗祖庭。

（一）西安大兴善寺

1. 隋代的大兴善寺

大兴善寺是西安中外闻名的古老寺院之一，位于西安市大兴善寺西街。大兴善寺作为隋代佛教事务的最高管理机构所在地和隋唐两代的译经中心，在中国佛教哲学史、信仰史、佛教艺术史、政教关系史以及中外文明交往史中均具有极为重要的地位，产生了深远的影响。

关于大兴善寺创建的时间，现一般认为它最早创建于晋武帝司马炎泰始至太康年间，即公元 265 年至公元 289 年，初名"遵善寺"，距今已经有一千七百年的历史。"大兴善寺"乃隋文帝赐名而得。隋文帝杨坚年少时受封"大兴郡公"，从此事业发展顺利，并最终打下了大一统的江山，所以他认为"大兴"一词对自己很吉利。《历代三宝记》中提到，杨坚建有"大兴城"、"大兴殿"、"大兴门"、"大兴县"、"大兴园"、"大兴善寺"等，可见他对"大兴"一词的喜爱，这是大兴善寺寺名中"大兴"的来历。又因为寺庙位于城市的区域名曰遵善坊，所以于"大兴"之后加一"善"字，从而得名大兴善寺，此寺名也一直沿用至今。

　　此时的长安城已有近八百年的历史，城市基本建设已跟不上潮流所需，道路狭小，排水不畅。加之其已久经战乱，宫殿残破，早前就已失去都城之风范。当时的中国北方，承袭汉代的谶纬神学，对风水堪舆十分看重。隋文帝又特别迷信凶吉，认为长安城"制度狭小，又宫内多妖异"，所以希望能够依"阴阳顺序"来兴建新都。新都选在东南方之龙首山上，由名家宇文恺负责建造，经过堪舆，发现长安城的南北方向有六道高坡，和《易经》乾卦之六爻刚好相符。宇文恺就在象征君德的九二之位建设了皇宫，在象征臣德的九三之位设立各司部门，而九五的至尊之地，一般人不能居住，故要建立寺庙以镇之，于是，大兴善寺就顺理成章地建到了这里。

　　史书中记载，隋朝时期的大兴善寺占尽"一坊之地"，即整个遵善坊都是寺庙的。隋文帝曾下诏，让所有有能力修建寺院的人都可以在这片区域里面建造僧舍，可见寺院之地广。据学者考证，其面积大约相当于现在的261082平方米。当时的大兴善寺规模非常宏大，仅常驻的僧人就有三百多人。大兴佛殿耸立在大兴城的第五道高岗上，寺庙的规格和皇家的祖庙是相同的。寺内的主殿为"大兴佛殿"，是京城寺庙里最高大的，它与皇宫、行政官署等交相辉映。正如寺碑所言，那时的大兴善寺"金碧辉煌、壮甲海内"。

　　隋文帝设立僧官制度，大兴善寺成为全国佛教的领导中枢。隋朝的最高国家宗教管理部门就设于大兴善寺内。隋代僧官可考的有"大统"、"昭玄统"、"昭玄都"三种，在那一时期代表了隋代最高僧官级别。那连提黎耶舍就曾被隋文帝授予昭玄都一职，开皇三大士在大兴善寺译经之时，都曾得到僧官统筹和协助。如曾任"大统"的释僧猛，担任"昭玄统"的释昙延、释昙迁，曾任"昭玄都"的释灵藏。这几个级别最高的僧官都是大兴善寺的僧人，由此可见隋朝时期大兴善寺的宗教政治地位。

　　隋代，大兴善寺作为"国寺"，也第一次成为了全国最大的佛经译场。

"开皇三大士"是这一时期译经的主将。那连提黎耶舍偕同弟子道密等入住大兴善寺，五年间翻经八部二十八卷，大兴善寺作为佛经的译场初具规模。耶舍入寂后，阇那崛多升任主译，入住大兴善寺，达摩笈多、高天奴兄弟同参翻译，出经三十一部，一百六十五卷。李利安教授认为，"开皇三大士"的译经为隋代佛教的发展提供了"法宝"，他们创建大兴善寺译场的努力，也为唐朝译经事业的发展奠定了基础，因此，大兴善寺在中国佛教史、中国佛经翻译史上都有重要影响，大兴善寺译经场后来发展成为唐代三大译场之一也与其在隋代翻译事业的繁盛是分不开的。

大兴善寺是隋代复兴佛教的基地和大本营。早在北周大象二年(580)，杨坚便以大丞相的身份，令法藏与竟陵公负责检校度僧 120 人，这些僧人蓄发、着僧衣，故名菩萨僧。大兴善寺落成之后，这些僧人入住其中，这120 人实际上是隋文帝复兴佛教、管理佛教的主要依靠力量。开皇年间，隋朝从全国各地选择名僧，汇集京城。开皇七年，隋文帝钦定六位高僧为"大德"，他们是洛阳慧远、魏郡慧藏，清河僧休、济阴宝镇、汲郡洪遵、彭城昙迁。他们被称为"隋初六大德"，他们是佛学思想的集大成者，同时也成为隋文帝宗教政策的谋士，他们虽然身居大兴善寺，却放眼全国的佛教弘法。正是这些高僧引领了隋代佛教的日益兴盛。天台宗、三论宗两大佛教宗派在隋代率先成宗，律宗、华严宗、三阶教等酝酿在隋代，这些都不是偶然的，一方面是南北佛教自身发展的必然结果，另一方面也得益于这批佛门法将所创造的良好的条件。

2. 唐代的辉煌

佛教在唐代发展迅速，西安周边有众多名寺，包括慈恩寺、西明寺、大荐福寺等。隋代时一直处于"国寺"地位的大兴善寺慢慢失去它原有的地位，但依旧是长安城最具影响力的寺庙之一。

唐代密教的发展促使大兴善寺成了密宗的祖庭。隋代时期，那连提黎耶舍、阇那崛多、达摩笈多等都以大兴善寺为根据地弘扬密教之法。唐朝时期又有善无畏、金刚智住此弘法。不空时期，密教得到了朝廷的重视。至德二年(757)，不空被派往入住大善兴寺。不空翻译了大批的密教经典，使得密教的义理、轨则得到完善。不断地结坛灌顶，也使密法得到广泛传播，在城乡之间的影响力不断扩大。其中更为重要的一点便是，不空培养了一大批优秀的弟子，得法者共有六人，金阁含光、新罗慧超、青龙惠果、崇福慧朗、保寿元皎、觉超。这六人都是各寺的名僧，他们接过不空的衣钵，继续弘扬密教之法，使得密教有了更为广泛的影响力。这是致使大善兴寺成为密教祖庭的一个重要原因。不空法师当属密宗的创立者，大兴善寺也当仁不让地成为密宗的祖庭。

经过不空的弘传，密教当时已经在京城内外盛行。据陕西省社会科学院陈景富先生考证，青龙寺、玄法寺、净住寺、醴泉寺、崇福寺、景公寺、慈恩寺、安国寺、永寿寺、永保寺、兴唐寺、大荐福寺、会昌寺、龙兴寺都有密法弘传。密教形成了更为规范的宗派，不空也成了著名的"开元三大士"之一。

不空在住持大兴善寺的20年时间里，大兴善寺被逐渐打造成为了弘传密法的中心，这使得大兴善寺成为了全国密教传播的根基所在，突出了大兴善寺的核心地位，使大兴善寺成为了中国佛教密宗祖庭。唐代确立的中国密教祖庭之地位，使大兴善寺能够在中国佛教发展中，继续勾勒着浓墨重彩的一笔。

除去祖庭地位之外，大兴善寺又是唐代三大翻译中心之一。中国佛教的翻译，在唐代进入鼎盛时期。中国历史上四大译师中的玄奘、义净、不空三位大师都在唐代这一时期翻译了大量经典。形成玄奘的慈恩寺、义净的大荐福寺、不空的大兴善寺三个各具特色的翻译中心。而此时的大兴善寺，主要以翻译密教类的佛经为主，汉传大藏经中的密教经典很多都是在这一时期的大兴善寺中翻译而出。不空所翻译的这些印度纯密教的佛经，奠定了我国密教的基础，这些佛经在当时十分兴盛，但唐末之后逐渐失传。

此外，唐代的大兴善寺也是中外文化交流的圣地。唐代的统治者向来重视文化的交流。印度文化、中亚文化以及西亚的波斯文化、犹太文化、基督教文化，都在中国产生了大量的交流与融合。这种宽松包容的文化环境，使得唐代的文化成为一种世界性的文化。在这一文化背景下，密宗在肃宗、代宗时期，便成为了文化交流的主力军，密宗向韩国和日本的传播便体现了这一点。早在杂密阶段，朝鲜就有明朗、惠通和明晓来唐学习密法；纯密阶段韩国来的僧人更多，善无畏门下有新罗僧玄超、义林、不可思议。善无畏门下第三代法嗣有新罗僧惠日、悟真，第五代法嗣有弘印。大量的僧侣到长安访学，促进了中外文化之间的交流，而大兴善寺在其中起到了重要的沟通桥梁作用。

唐武宗灭佛，对当时蒸蒸日上的密教造成沉重的打击。大兴善寺由于是隋代所建，并不属于唐室庙宇，因此也被拆毁。大量的梵夹、经书被毁，殿宇、佛像和佛塔也无一幸免，大兴善寺遭受严重的损毁。幸而唐宣宗登基后复兴佛法，大兴善寺又重新建立，僧宝满月、智慧轮先后入住大兴善寺，翻经弘扬密法。满月法师是西域人，译出《陀罗尼集》四卷、《佛为毗戍陀天子说尊胜经》一卷。智慧轮也是西域人，有的资料则说他是京兆杜陵人，著有《佛法根本》、《示教指归》，达几千言，智慧轮还培养出绍明等杰出弟子。这充分说明，唐武宗灭佛并未彻底将密教的法脉断送，密教在唐代依旧有其传承。大兴善寺也继续发挥其祖庭的优势与特色。

1987年法门寺地宫发掘可谓震惊中外，从法门寺地宫文物及其摆放位置，也可看出当时皇室与密教的特殊关系。据地宫发掘时的现场推测，在真身舍利入藏地宫时，曾举行过密教的舍利供养仪式。凡供养物及造像的摆放程序及形式，都是按密教的仪轨进行的。其中，地宫后室的布局最具密教代表性。而大兴善寺的密宗大师智慧轮，正是当年亲自策划和组织法门寺迎送佛骨的重要人物之一。《物账碑》中详细记载了智慧轮供奉所需的物品，足以体现出其地位之尊崇。特别是所供奉的银函，曾用于迎送供奉佛指舍利，银函正面有錾文曰："……智慧轮敬造银函壹，重五十两，献上盛佛真身舍利……"。法门寺地宫后室本身呈正方形，中间摆放着八重宝函，内置佛指舍利一枚。两边有护法天王，四角各放置阙伽瓶，宝函前放五足朵带银香炉，正前左右两侧为波罗子和银芙蕖。这一布置与密教供养法中的护摩坛场完全相同。晚唐时期，智慧轮曾被称作"上都大兴善寺灌顶院国师轮大阿阇黎大师"，将智慧轮形容成大兴善寺的国师，这说明了智慧轮法师的才华，也说明了大兴善寺在政治、宗教领域的崇高地位。

唐朝末年，长安地区曾遭受多场劫难，其中有史料记载的就有中和、光启、乾宁、天佑四次大规模的破坏，这些都对长安造成巨大的毁灭，致使"长安自此遂丘墟矣"，而大兴善寺也在这历史的车轮下，慢慢走向衰落。

大兴善寺普同塔

3. 唐以后的大兴善寺

唐灭以后，长安城失去了全国政治、经济、文化中心的地位。长安佛教至此跌入了最低谷，佛教弘传中心开始东移，曾经辉煌三个多世纪的大兴善寺也随之衰落。于此后数百年间，大兴善寺默默无闻，香火虽未断绝，但也甚为寂寞荒凉。现藏寺内的清乾隆五十年《隋唐敕建大兴善寺祖庭重□□□碑记》字迹已很斑驳难辨，但仍旧可以窥探这座密宗祖庭坎坷的历史。

宋代，大兴善寺先后驻锡多位著名禅师，禅风盛行。明代永乐年间(1403—1424)，云峰禅师住寺弘扬禅宗，并修造了阁楼、大殿和钟楼。直到天顺年间(1457—1464)，满德和尚住寺，"鼎新梵刹"，对寺院做了一次较大规模的修葺，并筑碑叙述大兴善寺的前世今生，这才使大兴善寺为世人所熟知。万历年间(1573—1620)，明神宗赐藏经一部，这是自唐以后，大兴善寺第一次获得皇帝的赐物。

清朝时期，大兴善寺经历过三次比较大的整修。1648年，寺内僧人兴建了大雄宝殿和方丈寺。1694年，又由总督府出资建造了前殿和钟鼓两个楼房，还对大殿进行了整修，并增加了弥勒殿和十王组堂等，这些修整大概经历了十年。雍正年间(1723—1735)，大兴善寺获赐大藏经一部。大兴善寺在清朝时期有一定的发展，但1862年，寺院再次经历了战火，不幸整个庙宇毁于一旦。1924年，大兴善寺仍是满目疮痍的景象。康有为来西安游玩时，曾发出"惆怅千房今尽毁"之叹。如今，我们只能通过现存的钟鼓两楼，想象清朝时期大兴善寺的壮美图景。

民国年间，名将朱子桥在大兴善寺创办了"兴善寺佛学养成所"，并于1939年出资对寺庙进行了整修。当时，为了促进佛法在中国的传播，朱子桥与华清法师拟邀请倓虚法师筹办大兴善寺佛学院，并请倓虚法师任大兴善寺住持、佛学院院长兼教务主任，华清法师为教授，招收学生21名。至此，陕西才有了培育僧才之所，这也是自唐以来大兴善寺开展的最有学术意义的文化活动。为了筹办佛学院，社会各界名流均有捐助，其中包括朱子桥本人，沪上名绅李祖神，陕西康寄遥、杨叔吉、高戒忍等居士，以及西安军政首长杨虎城、冯钦哉、王一山等。由此可见，大兴善寺在民国时期已有一定的社会影响了，在当时的上层社会有一定的知名度。

1943年，冯玉祥、于斌还有太虚法师在大兴善寺组织了"中古宗教徒联谊会"。1945年康寄遥与太虚法师定在大兴善寺开办世界佛学院巴利文学院，并与斯里兰卡摩诃菩提会商定互派二僧。但由于当时交通不便，斯里兰卡的僧人未能到达西安。虽然大乘佛教与南传佛教的交流未能实现，但高僧大德的良苦用心为人赞叹。大兴善寺一直在尝试恢复其密教传统。朱子桥将军曾邀请持松法师来住持此寺，筹划复兴唐密，可惜因故中断未能成行。民国时期国难当头，大兴善寺出现了"小中兴"，这彰显了密教祖庭非凡的魅力。

大兴善寺普贤殿

（二）西安青龙寺

西安交通大学南面不远有一个高坎，西安人叫它乐游原。晚唐诗人李商隐曾在此留下了《乐游原》一诗："向晚意不适，驱车登古原。夕阳无限好，只是近黄昏。"西汉宣帝神爵三年时（前 59）建庙于此，称乐游苑，后世遂名乐游原。如今，这里是一座风景优美的密宗寺庙，里面绿树成荫、樱花盛开，已经成为西安著名的旅游景点。这就是密宗祖庭之一的青龙寺。

1. 青龙寺的创建与早期发展

青龙寺的前身是隋代的灵感寺，建于隋开皇二年（582）。《宋高僧传》

卷二十四载："此寺本隋灵感寺。开皇三年置。文帝移都多掘城中陵园冢墓徙葬郊野，而置此寺。至唐武德四年废。"隋文帝舍弃破败的旧长安城，在南面再建大兴城，需要将新址上的陵墓都迁到乐游苑，为了安慰和超度这些受到惊扰的亡灵，就在乐游苑上修建了灵感寺。灵感寺在唐高祖武德四年(622)废弃。

唐高宗龙朔二年(662)，皇帝的同胞妹妹城阳公主(《唐会要》中说是新城公主)患病，宫中顶级的御医怎么医治都不见好转，不知她患了何病，吃了各种名贵药材也没有起色，皇帝很是担心。此时，皇帝听闻民间有一位来自苏州的僧人，名叫法朗，每每持诵观音明咒，便可以召唤观音神力，为民众救苦救难，京城百姓人人皆知。于是，便下诏书，迎请僧人法朗。法朗入宫后，摆设坛场，日夜虔诚为公主念诵《观音经》以保平安。没过几日，公主果然病愈。公主感恩观音之庇佑，于是奏请皇帝将灵感寺改名为观音寺。唐睿宗景云二年(711)改名青龙寺。

青龙寺在初唐时期一直有佛法传承，是当时都城长安的重点寺院之一，有许多声名在外的僧人都来自青龙寺。《法苑殊林》的作者道世法师就出家于青龙寺。道世法师阅藏甚多，感叹佛教史上奇闻异事甚多，却没有人对其进行总结，就择其精华，编辑成《法苑殊林》，收录一百篇经文。青龙寺的高僧还有道氤法师，这是个以唯识见长的高僧。他深受大兴善寺复礼法师的器重。后来玄宗皇帝从长安到洛阳，让天下才俊汇集洛阳大福先寺。道氤在大福先寺讲《瑜伽唯识》、《因明》、《百法》等论，没有人能够问倒他。宰相张说称道氤法师为"释门俊彦，宇内罕匹"，认为他是释门领袖。唐代宗年间，律学中的旧疏(法砺的《四分律疏》)与新疏(怀素的《开四分律记》)之争日趋尖锐。唐代宗时期(762—779)青龙寺已经很兴盛了，但青龙寺真正兴旺发达，是在密法兴起以后。

2. 密宗兴起后青龙寺的繁荣

"开元三大士"之后，密教迅速发展，尤其在不空创立密宗之后，密宗被上层社会所偏爱，成为了博学、高贵的代名词。唐朝中期，不少外国人来到都城长安，各国僧人也聚集于此。除了西域来弘传佛法的僧人外，还有东亚日本、高丽的僧人。此时，青龙寺陆续迎接过一大批日本的高僧，著名的日本"入唐八大家"中的六位都在青龙寺受法，他们分别是：空海、圆行、圆仁、惠运、圆珍、宗睿。其中，空海学习密宗之后，回到日本创建"东密"真言宗，是佛教向日本传播过程中重要的使者，被誉为弘法大师。

1）青龙寺与日本留学僧

空海，公元 774 年出生在日本赞岐国多度郡屏凤浦，今日本四国香川县，俗姓佐伯氏，母姓阿刀氏。他十五岁到京都研习儒学，当时的空海聪明好学，读了大量的儒家经典著作。后来，他入大学明经科，逐渐接触佛教。十八岁发表《聋瞽指归》，后改名为《三教指归》，此文主要探讨儒释道三教，有一些批判性的思考，表明空海对所学知识的思考。延历十二年(793)入佛门，师从和泉槙尾山寺之勤操，法名教海，后改为如空，主要研究三论及大小乘教义。延历十四年(795)，他在东大寺戒坛院受具足戒，正式成为一名出家僧人，并更名空海。一天，空海在梦中感得《大毗卢遮那成佛神变加持经》，醒来后却一直没有解悟到其中精髓。此经乃善无畏在长安大兴善寺中翻译而初现于世的，于是延历二十三年(804)农历 5 月 12 日，空海随遣唐大使藤原葛野麻吕启程前往中国。他们从今天的大阪出发，同年农历 8 月 10 日在福州长溪县登岸，腊月 23 日达到长安城。

空海先住在长安城西边位于延康坊的西明寺。他在长安经常拜访高僧大德，与他们交流学佛的心得，也就是在这一时期，他认识了青龙寺的惠果，并心生敬仰，发愿要跟随惠果法师学习密宗。公元 805 年农历 6 月，他来到青龙寺，举行阿阇黎佛法灌顶，受传法阿阇黎位灌顶，成为惠果和尚之嫡传，并得密号遍照金刚，成为了密宗的第八代祖师，是最早受习真言教之日本人。

青龙寺空海纪念碑

　　空海在青龙寺抄写经书三百余卷、大悲胎藏金刚界等大曼荼罗各一卷，他刻苦钻研毗卢遮那金刚顶经共二百余卷。空海在青龙寺时期迅速名扬长安，他不仅拥有超凡的佛法智慧，而且他虽身为外国僧人，但在书法上颇有造诣，成为长安城中少有的人才。空海的字与王羲之的字极为相似，被唐德宗称为"五笔和尚"。唐代诗人胡伯崇在《赠释空海歌》中赞誉空海："说四句，演毗尼，凡夫听者尽皈依。天假吾师多伎术，就中草圣最狂逸。"由此可见空海在长安的知名度、其博学的佛法造诣和高超的书法艺术。

　　公元 805 年农历 12 月 15 日，惠果大师在青龙寺东塔往生。空海得圣旨，为大师撰写墓碑——《大唐神都青龙寺故三朝国师灌顶阿阇黎惠果和尚之碑》。此碑全文依旧可寻，碑文的撰写者为"日本国学法弟子苾蒭空海撰文并书"，文中生动回顾了惠果大师的一生，今天读起来依旧可以感受到空海对其灌顶老师的尊敬与不舍。

　　日本大同元年(806)，空海承载着惠果大师弘扬密宗的遗愿，带着佛教典籍 216 部 454 卷归返日本。第二年，在京都久米寺讲授那部曾经在梦中出现的《大毗卢遮那成佛神变加持经》。第三年，他开始了系统的密宗弘法之路。第四年，空海入日本皇宫论说"即身成佛"之义，挫败诸多在场论辩的僧人，声名大噪。弘仁元年(810)，空海来到高野山，用了三年时间，建立了金刚峰寺，开创了日本密教真言宗。之后，修金刚界灌顶于最澄、和气真纲等人，未久，再修胎藏界灌顶，授予最澄、贤荣等人，成为日本金、胎二部大法传承之开端。

空海大师著作极为丰富，涉及显、密二教，十多个法门。空海编撰的《篆隶万象名义》，是日本第一部汉文辞典，保障了中国文化在日本的顺利传播，是中日文化交流的产物。空海的另一部重要著作为《文镜秘府论》，记载了他在唐朝的见闻，这促进了日本对唐朝文化的理解和吸收，是了解汉唐中国文学史的重要资料，其中还涉及唐诗写作的技巧，是研究唐诗平仄、音韵、格律的珍贵著作。此外，还有《文笔眼心钞》、《性灵集》、《高野杂笔集》等。空海大师热爱书法，其风格受王羲之、颜真卿的影响，现存的墨宝作品有《风信帖》、《灌顶历名》、《七祖赞》、《三十帖册子》等，都藏于京都，在日本被视为国宝。真言宗的法脉一直延续至今。因此青龙寺是日本人心目中的圣寺，是日本佛教真言宗的祖庭。

日本僧人圆仁法师于唐文宗开成三年(838)随第十八次遣唐使入唐，同行的还有其弟子惟正、惟晓、侍役、丁雄万四人。圆仁一行入唐后，在扬州、五台山等地停留，后终于来到长安，安单于青龙寺。圆仁受法于青龙寺僧人法全，学习胎藏法，并在长安城留居四年。期间他的弟子惟晓去世，葬在长安城春明门外(今西安东郊皇甫庄以东一带)的镇国寺东头。后遇会昌法难，圆仁于日本承和十四年(847)归国，携佛经584部802卷以及胎藏、金刚界曼陀罗，诸尊坛像，舍利，高僧真影等59种，后成为日本天台宗山门派之祖。圆仁去世之后，被尊称为"慈觉大师"，一生著有《金刚顶经疏》七卷、《显扬大戒论》八卷、《苏悉地羯罗经疏》七卷和《入后唐求法巡礼行记》四卷等书。《入后唐求法巡礼行记》记载了他本人游历唐朝多地的见闻，其中所记唐长安城及其他各地的一些情况，是研究唐长安城、唐代历史和社会生活的珍贵资料。

宗睿法师于咸通三年(862)农历七月来中国求法，后至长安青龙寺从师法全法师，受法学习胎藏界法。日本贞观七年(865)农历十一月回到日本，请回经书134部143卷，其中《圆觉寺所传曼荼罗》一文，为日本密教胎藏曼荼罗的权威著作《胎藏诸说不同记》提供重要理论支持。宗睿法师通晓密宗、法相、天台等各宗派。他还曾在扬州出没，与圆仁法师邂逅，并教圆仁法师梵、汉二语言。他还编制《新书写请来法门等目录》和《禅林寺宗睿僧正目录》，这都成为后世佛学研究的重要资料。

圆行法师于唐文宗开成三年(838)入唐，第二年正月来到长安青龙寺，受法于僧人义真学习密宗。开成四年农历十二月(839)归国，携回佛具16种，经典69部123卷。圆珍法师于唐宣宗大中九年(855)农历五月二十三日来到长安。他住在青龙寺，跟着僧人法全学习密宗，并受胎藏灌顶、传法灌顶位，并于同年农历十一月回到日本。惠运法师于会昌二年(842)来到长安，他去过长安城中众多的密宗道场，大荐福寺、大兴善寺都曾经有过他的足迹。后来，他跟随青龙寺义真法师学习密宗，并受法戒。他在唐学习六年，于公元847年回到日本，跟他一起回到日本的还有170卷密宗经书。

唐武宗灭佛时期，长安只能保留四所寺庙：西明寺、庄严寺、慈恩寺、大荐福寺。青龙寺被废，会昌六年(846)即又恢复，并改名为护国寺。《旧唐书》卷十八下记载："准今月五日赦书节文，上都两街旧留四寺外，更添置八所。两所依旧名兴唐寺、保寿寺。六所请改旧名，宝应寺改为资圣寺，青龙寺改为护国寺，菩提寺改为保唐寺，清禅寺改为安国寺，法云尼寺改为唐安寺，崇敬尼寺改为唐昌寺。右街添置八所。西明寺改为福寿寺，庄严寺改为圣寿寺，旧留寺，二所旧名，千福寺改为兴元寺，化度寺改为崇福寺，永泰寺改为万寿寺，温国寺改为崇圣寺，经行寺改为龙光寺，奉恩寺改为兴福寺。"北宋时期，禅宗、净土宗兴盛，密宗在北方失去传承，青龙寺也逐渐衰败。宋哲宗元祐元年(1086)以后，青龙寺就已经废弃。

2) 青龙寺的讲经高僧

《宋高僧传》卷六《唐京兆大安国寺僧彻传》讲僧彻曾于唐懿宗时期在青龙寺讲学。僧彻是颇具传奇色彩的唐代高僧悟达国师的嗣法弟子。悟达国师（809—882），法名知玄，四川眉山人。早年学习唯识学，成就很大，享誉蜀中。唐武宗时期，他曾与道士辩论，得罪武宗，返回四川。广明二年（881）春天，黄巢起义攻陷长安，唐僖宗到四川避难，赐知玄"悟达国师"称号。关于悟达国师，有个很有名的"人面疮"的典故。据说悟达国师早年曾于京师丛林遇到一位身患恶疾的怪僧，无人理睬。他慈悲心起，耐心地为他擦洗敷药，照顾他的疾病。该僧病愈后对知玄说："将来有什么灾难，可以到西蜀彭州九陇山的两棵松树下找我。"后来他受到皇帝的支持，声誉日隆，膝上忽然长了个人面疮，眉、目、口、齿，样样齐全，每次以饮食喂之，则开口吞食，与常人无异。国师非常恐惧，四处医治都无疗效，束手无策时，忽然忆起昔日怪僧的话，于是来到九陇山。找到了那个怪僧，向他诉苦。怪僧道："不用担心，我这儿山下有清泉，明天用这泉水洗一下，就可以去除你的病苦。"第二天，悟达国师找到泉水，正要洗涤疮口时，那人面疮竟然大声喊道："先别洗！你是博学的人，可曾知道西汉袁盎杀晁错的事？你就是袁盎转世，而我就是当年被你杀死的晁错。累世以来我都在寻找机会报仇，可是你却十世以来都身为高僧，持戒严谨，故无机会可以下手。直到这一世你受到皇帝的恩宠，生起名利之心，有失戒德，因此我才有机会化为人面疮报复你。那个怪僧就是蒙迦诺迦尊者，他现在以三昧法水洗我累世罪业，从今以后我就不再纠缠你了。"悟达国师听了大惊，赶忙用水洗涤，很快膝上人面疮不见了。他想赶去感谢圣僧蒙迦诺迦尊者，发现昨天看到的殿宇都杳然无踪，人也不知去向。悟达国师因此对因果报应之说坚信不疑，对自己违反戒律常常忏悔，故而作成忏文三卷，早晚恭诵，毕生精修。其制定的忏法名为《慈悲三昧水忏》，即源于这个"人面疮"的故事，流传至今。

僧彻幼年就礼拜悟达国师，伴他左右，作为侍者。悟达国师对他也非常器重。凡有新著，必然会让僧彻给予注疏和讲解。前后有《如来藏经疏》、《法鉴》四卷、《大无量寿经疏》、《着法灯》二卷、《胜鬘狮子吼经疏》、《着法苑》十卷。他曾到麟德殿为皇帝讲经，受到懿宗皇帝的赞许，敕赐紫衣袈裟。还曾在佛道辩论时充任辩手，当时号为法将，皇帝赐号"净光大师"。咸通十一年(870)，被朝廷任命为"两街僧事"。曾于青龙寺讲述经论，并将所讲内容寄给四川的悟达国师，国师回复八十四字，称"观君法苑思冲虚，解我真乘刃有余。"僖宗幸蜀时，僧彻伴其朝夕，第二天又与高道杜光庭先生到岷峨山中，拜会悟达国师，后不知所终。他的弟子多在陕西和四川弘法。

3. 青龙寺的文化底蕴

唐朝时期，去寺庙里烧香礼佛成为一种流行，青龙寺因与芙蓉园相邻，也成为人们经常游览的胜景之一。当时，无论是寻常百姓还是达官贵人，京城长安无不知晓青龙寺，都愿意去青龙寺烧香拜佛，青龙寺自然也成为文人墨客的聚集地。王维、王昌龄、韩愈、贾岛等著名诗人都留下过与青龙寺相关的诗歌。中唐的两位大诗人，白居易(772—846)与韩愈(768—824)都曾到访过青龙寺。

大诗人王维笃信佛教，曾多次到青龙寺参访游玩，并留下六首有关青龙寺的诗：《别弟缙后登青龙寺望蓝田山》、《愚公谷三首》(青龙寺与黎昕戏题)、《青龙寺昙壁上人兄院集》、《夏日过青龙寺谒操禅师与裴迪同作》。最好的是王维与裴迪一同拜会青龙寺僧"操禅师"的《夏日过青龙寺谒操禅师与裴迪同作》："龙钟一老翁，徐步谒禅宫。欲问义心义，遥知空病空。山河天眼里，世界法身中。莫怪销炎热，能生大地风。"这首诗描写了诗人自己老态龙钟，怀着一颗虔诚心，顶着烈日来到寺庙里，想要请教禅师佛教义理。禅师提点诗人对空也不能太过执著，并解释所求的佛理其实都在诗人自身所处的世界中，而万物的答案也都在自己的心里，山河大地都是如来的法身，不要埋怨天气炎热，只要心里平静，自然清凉舒适。

王昌龄也曾写下了《同王维集青龙寺昙壁上人兄院五韵》："本来清净所，竹树引幽阴。檐外含山翠，人间出世心。圆通无有象，圣境不能侵。真是吾兄法，何妨友弟深。天香自然会，灵异识钟音。"诗中说青龙寺本来就是清净的场所，竹树成林，十分幽静，屋外的青山翠绿，游人到此，总能生出离之心。大道无形，圣境无染，王昌龄在此深刻体会到王维对青龙寺的独到见解。因缘和合就能生出灵应，青龙寺的钟声便如此玄妙。

白居易曾在青龙寺旁建房居住，留下了《新昌新居书事四十韵，因寄元郎中、张博士》一诗："丹凤楼当后，青龙寺在前。屏除俗事尽，养活道情全。尚有妻孥累，犹为组绶缠。终须抛爵禄，渐拟断腥膻。大抵宗庄叟，私心事竺乾。浮荣水划字，真谛火生莲。梵部经十二，玄书字五千。是非都付梦，语默不妨禅。"这首诗是讲，白居易在丹凤楼的前面、青龙寺的后面安置了一个新家，想在青龙寺摈弃俗事，专心于学问。但是家中还有妻小需要照顾，也有繁忙的公务需要处理。即便如此，白居易也心想抛弃爵禄，断绝腥膻，信奉庄子和佛家的生活理想，从此看淡荣辱富贵，归心于佛道研究，不再去与世人争是非对错，不再到处发表言论。

另外一首《青龙寺早夏》，诗中描述了白居易对人生的深刻思考："尘埃经小雨，地高倚长坡。日西寺门外，景气含清和。闲有老僧立，静无凡客过。残莺意思尽，新叶阴凉多。春去来几日，夏云忽嵯峨。朝朝感时节，年鬓暗蹉跎。胡为恋朝市，不去归烟萝。青山寸步地，自问心如何。"诗中描绘出一幅恬淡自然的画面：小雨洒过，尘埃落地，长坡通往高处，太阳落在寺门西面，恬淡自然。寺内清净闲适，只有几位老僧，没有俗客的打扰。春去秋来，夏去冬至，每天都能感觉到节气的变化，况且随着年龄逐渐增长，为何要恋慕早晨而害怕傍晚呢！人终究要埋骨于青山之间，心还要去追寻什么呢！

白居易另一首《和钱员外青龙寺上方望旧山》诗说道："旧峰松雪旧溪云，怅望今朝遥属君。共道使臣非俗吏，南山莫动北山文。"对面的山峰溪水亘古永存，是一个隐居的好地方，到此之人并不是寻求终南捷径的寻常俗吏，而是真正无所求的隐士。白居易还有《渭村退居，寄礼部崔侍郎、翰林钱舍人诗一百韵》，其中有"白鹿原东脚，青龙寺北廊。望春花景暖，避暑竹风凉。"以上诗词可以看出，白居易对青龙寺的风景情有独钟。

韩愈也有多首诗歌与青龙寺有关。著名的有《游青龙寺赠崔大补阙》：
"秋灰初吹季月管，日出卯南晖景短。友生招我佛寺行，正值万株红叶满。
光华闪壁见神鬼，赫赫炎官张火伞。然云烧树火实骈，金乌下啄赪虬卵。
魂翻眼倒忘处所，赤气冲融无间断。"

《长安志》云："青龙寺有柿万株。"如今看来确实如此。唐人朱庆馀
也有《题青龙寺》一诗："寺好因岗势，登临值夕阳。青山当佛阁，红叶满
僧廊。竹色连平地，虫声在上方。最怜东面静，为近楚城墙。"青龙寺妙就
妙在其地处高岗之上，登上高岗时刚好是夕阳晚照，青山犹如佛阁，红叶
布满僧廊。竹色青青，虫儿在树上鸣叫，只有东面最安静，因为东面挨着
楚城墙。

《唐遮言》卷七记载，牛僧孺为了考进士，带着自己的作品去拜访韩
愈与皇甫湜。刚好韩愈外出，就留下诗句而离开了。再去拜访皇甫湜，刚
好韩愈也在那里。二人对牛僧孺非常欣赏，决定帮助他提升名气。对僧孺
说："某日可游青龙寺，薄暮而归。"二人借机去青龙寺游玩，一同到僧孺
的居所拜访他，并且在其大门上写道："韩愈、皇甫湜同谒几官先辈。"几
天后，名士们纷纷前去拜会牛僧孺，牛僧孺也因此成为小有名气之人。

唐代才子贾岛与青龙寺也很有渊源。《唐才子传》卷五讲，贾岛是河北
范阳人，早年从河北到京城赶考，屡试不中，为生计而出家为僧。法号无
本，住在青龙寺，十分崇尚元稹和白居易。贾岛的诗风淳朴，不受时人推
崇。贾岛感叹道："知余素心者，惟终南紫阁、白阁诸峰隐者耳。"时有高
僧无可，与贾岛同门同寺，与贾岛关系最好。两人都擅长作诗，诗风清新，
律调谨严，比物以意，谓之"象外句"，逐渐为世人所知。贾岛因此留有《题
青龙寺》一诗："碣石山人一轴诗，终南山北数人知。拟看青龙寺里月，待
无一点夜云时。"这首诗是说碣石山人(贾岛的自称)的一卷诗，只有终南山
北的几个人能欣赏，就像想要欣赏青龙寺里的月影，只有等到没有夜云的
时候。

贾岛曾有句"落叶满长安，秋风吹渭水"。一日访李余幽居，又得句：

祖庭沿革

"鸟宿池中树，僧推月下门。"又欲作"僧敲"，炼之未定，神游象外，不知回避，冲撞了韩愈的车驾，韩愈问明原因，共论诗道，结交为要好。在韩愈的帮助下，贾岛还俗，并考上了进士。韩愈曾赠诗云："孟郊死葬北邙山，日月风云顿觉闲。天恐文章浑断绝，再生贾岛在人间。"将贾岛视为中唐诗人孟郊的转世。贾岛曾有《题青龙寺镜公房》一诗："一夕曾留宿，终南摇落时。孤灯冈舍掩，残磬雪风吹。树老因寒折，泉深出井迟。疏慵岂有事，多失上方期。"是说在冬季终南山树叶摇落的时节，贾岛曾在青龙寺镜公房住过一晚，周围漆黑一片，唯有这里孤灯摇曳。风加雪吹到残磬上，树上的老枝被大风吹断，泉水被压盖而流动的很慢，疏忽慵懒的性格使诗人没有心思再去做事，辜负了上方的期望。贾岛一生不知经济，醉心于诗词，曾自题曰："二句三年得，一吟双泪流。知音如不赏，归卧故山秋。"每至除夕，就取出今年所作的诗句，放在桌子上，焚香祭拜，酹酒祝曰："此吾终年苦心也。"痛饮长谣而罢。贾岛临死之日，家无一钱，只有病驴一匹，古琴一个而已。

李端也作有一首《病后游青龙寺》："病来形貌秽，斋沐入东林。境静闻神远，身羸向道深。芭蕉高自折，荷叶大先沉。"诗人李端生病之后形貌渐渐憔悴，他斋戒沐浴之后前往青龙寺东塔院。寺院清静幽雅，没有了市井的嘈杂。虽然诗人身体羸弱，烦恼缠绕，但是来到寺院一下悟到佛理，心中充满喜悦。诗中最后比喻，芭蕉长得越高就越容易折断，荷叶越大就越是容易沉入水中，表明诗人并没有因为生病而失去对生活的信心。

薛能有诗《夏日青龙寺寻僧二首》："得官殊未喜，失计是忘愁。不是无心速，焉能有自由。凉风盈夏扇，蜀茗半形瓯。笑向权门客，应难见道流。"此诗大约是诗人拜见僧人之后的感悟随笔。诗中说升官了不要高兴，愿望落空了也不必愁困，如果不能做到不执著，怎么能够身心自由呢！人生的幸福往往是一些微不足道的小事儿，例如在夏季里轻轻挥扇取凉，细细地品味蜀地采来的新茶。诗人亲近佛法，已经不执著于虚妄，夏日清风中笑看那些在官场里争得死去活来的官员们，没有一个是能够真正领悟人生的本质。

羊士谔有诗《王起居独游青龙寺玩红叶因寄》："十亩苍苔绕画廊，几株红树过清霜。高情还似看花去，闲对南山步夕阳。"诗中描写了青龙寺青色的苔藓和寺院里如画廊般的院墙，秋霜过后，树叶都变红了。秋季的青龙寺别有一番韵味，去赏红叶的人依旧众多。人们在夕阳下悠闲地散步，遥望终南山享受青龙寺别样的美。

顾况有诗《独游青龙寺》："春风入香刹，暇日独游衍。旷然莲花台，作礼月光面。乘兹第八识，出彼超二见。摆落区中缘，无边广弘愿。长廊朝雨毕，古木时禽啭。积翠暖遥原，杂英纷似霰。凤城腾日窟，龙首横天堰。蚁步避危阶，蝇飞响深殿。大通智胜佛，几劫道场现。"描写了诗人在春季里独自来到青龙寺参拜，他跪在莲花台上，虔诚地向佛菩萨行礼，希望得到佛陀的帮助，凭借第八阿赖耶识，斩断我法二执，摆脱烦恼的缠绕，弘扬无边的大愿。早晨小雨过后，鸟儿在古树上鸣叫，绿色越来越多，乐游原也逐渐热闹起来，各种花儿竞相绽放。太阳从凤城村那边升起，彩虹如龙一样横在天际，蚂蚁在危阶上爬行，飞虫在大殿里响动。青龙寺的美完全映入心头。《法华经》中讲的大通智胜佛，似乎已经在千百劫中来到过青龙寺。

张祜有诗《题青龙寺》："二十年沉沧海间，一游京国也应闲。人人尽到求名处，独向青龙寺看山。"诗人感叹自己二十年来竟然一直沉沦于社会杂事，此次难得到京城，忙中偷闲来到青龙寺。别人到长安来是为了求功名，而诗人来到长安却只是为了在青龙寺眺望终南山的美景。

刘得仁有诗《青龙寺僧院》："常多簪组客，非独看高松。此地堪终日，开门见数峰。苔新禽迹少，泉冷树阴重。师意如山里，空房晓暮钟。"诗中描写了诗人对青龙寺特殊的喜爱。就像青龙寺中经常有带着发簪的俗人来访一样，诗人也是俗人中的一位。俗人来到这里并不只为青龙寺的名气，而是喜欢这里的环境，可以长时间在此居住，开门就可以看到终南山的山峰，这里山泉冷树荫重，苔藓新，飞禽少。如同在山里那样能够体悟自然，

祖庭沿革

133

坐在空房之中可以静静地聆听暮钟，真是人间净土。

马戴有诗《题青龙寺镜公房》："一室意何有，闲门为我开。炉香寒自灭，履雪饭初回。窗迥孤山入，灯残片月来。禅心方此地，不必访天台。"诗人在青龙寺镜公房内居住，每天香炉中的檀香燃尽就会自然熄灭，踏着积雪去过堂，打开窗子就看见孤山，夜晚孤灯遥对着残月，在此久住，也就渐渐地有所体悟，证得禅心，修行人不必远行到浙江天台山去求法，青龙寺就是禅法聚集之地。

青龙寺除了文人墨客留下的千古诗句，还有许多与普通民众相关的民间故事。这些故事或是宣扬善恶因果的，或是说忠孝节义的，都因青龙寺的名气，增加了很多神秘色彩，使之流传更为广泛。

青龙寺西廊绘有毗沙门像，也很灵验。《梦神医病者》记载，新昌里有一个人，家里很有钱，老婆年轻漂亮，自己却百病缠身，奄奄一息。其母遍访名医，不能治愈。一日，病人发愿可以出家亲近佛法，虽然已经不能做任何事情了，但希望布施青龙寺。其母将其背到青龙寺西廊下，施舍重金。十天后此人梦见毗沙门天王身穿铠甲，拿着像鲶鱼似的东西，让他咀嚼，东西很硬，他吃着吃着就醒了。醒后忽觉体力恢复，第二天就已能走路了，第三天竟能够奔跑了，甚至一个月之后，他在市井中就已经以大力而闻名了。当时禁军悬挂重弓于西门，贴出告示说："能拉开一半者，赐予粮食，能拉满者，加倍奖赏。"这个人去试了试，将弓拉满，被征为军官，富贵终生。

《太平广记》卷七十四记载了发生在青龙寺的一个神奇的故事。说一个叫陈季卿的江南人，来京城考进士，考了十年都没有考上，他很失落，觉得无颜回家，于是在京师靠给人抄书勉强度日。有一次他去青龙寺拜访僧人，然而刚好那位僧人外出不在寺中，他就在寺内等候。这时来了一位终南山翁，也在等待那位僧人。这个老人问他："太阳就要落山了，你饿不饿？"季卿曰："确实饿了，但寺僧不在，有什么办法呢？"老人从肘下拿出一个小袋子，从中倒出些药物，加水煎了一小杯，对季卿说，这个可以解除你的饥渴。季卿吃了后果然感觉饱了。青龙寺东壁画有《寰瀛图》，即全国地图。季卿看到自己的故乡江南路，因长叹道："要是能坐船从渭河到黄河，到洛阳后坐船从运河到淮河，从淮河到长江，就能回到我家了。"老翁笑道"这并不难做到。"说罢让小沙弥去折了一片竹叶，放到图中的渭水里，然后对季卿说，你只要眼睛看着它，就能实现愿望，但到家后要快点回来，不要停留时间太长。季卿眼睛盯着竹叶，一会就感觉渭水波浪摇晃，竹叶越来越大，变成了一叶帆船，季卿乘船到了潼关，在那里题诗留念："度关悲失志，万绪乱心机。下坂马无力，扫门尘满衣。计谋多不就，心口自相违。已作羞归计，还胜羞不归。"意思是自己渡过潼关，感觉自己已经失去了早年考不上进士就不回乡里的志向，心绪纷乱，自己在长安非常落魄，愿望无法实现，已经有了含羞归乡的心思，只是嘴上还不愿意承认。十天后终于到了老家，妻子兄弟，拜迎于门。他在自己的书斋里题《江亭晚望》诗："立向江亭满目愁，十年前事信悠悠。田园已逐浮云散，乡里半随逝水流。川上莫逢诸钓叟，浦边难得旧沙鸥。不缘齿发未迟暮，吟对远山堪白头。"意思是，站在江亭边，满目都是惆怅，十年前的事情大都已经像流水那样逝去，江边的钓鱼人自己都已经不认识了，水鸟也都不是十年前的水鸟了，十年来头发都已经白了，只有对着远处的山感叹。晚上他对他的老婆讲："考试的日期近了，我在此不可久留，马上就得走。"之后登舟，又留一章别诸兄弟云："谋身非不早，其奈命来迟。旧友皆霄汉，此身犹路歧。北风微雪后，晚景有云时。惆怅清江上，区区趁试期。"意思是，我谋取功名并不晚，无奈不能得志。幼时的伙伴都已经功成名就，我还在艰难地谋生，希望在这艰难期过后，能有好的处境。我在清江上惆怅，想再次试试运气。之后季卿乘船一叶漾漾，沿旧路回到青龙寺，宛然发现南山翁还坐在那里。季卿谢曰："归则归矣，得非梦乎？"翁笑曰："后六十日方自知。"两月后，季卿妻子带着金帛自江南来找他。并说他在两月前曾到家，并在家中留诗句，季卿方知不是梦。第二年春，季卿东归，走到潼关，见所题诗句，墨迹都还很新。后来季卿考上功名，却入终南山隐居了。

《太平广记》卷一百五十五记载了关于唐朝宰相郑朗的故事。唐穆宗长庆年间(821—824)，有青龙寺僧善于相面。名士都去拜访，郑朗考进士前也去拜访，和尚说了几句就将郑朗打发走了。等到放榜，郑朗榜上有名，考中进士，就觉得青龙寺的僧人看得不准。可是过了几天，有人举报舞弊，朝廷重新组织考试，郑朗落第。后来郑朗再次拜访青龙寺僧，该僧怡然相接，礼过前时。朗诘问他原因，僧曰："上一次你没有名气，若中第也不好。这次中第后就可以位极人臣。"后来郑朗果然中第做到中书门下平章事，这是宰相的位置。

《太平广记》卷三百三十记载了青龙寺僧仪光的事迹。开元十五年(727)，有朝中大臣家丧妻，请仪光法师去家里为死者修福。仪光法师就住在其家数日，当时的风俗认为，这些日子家里出鬼，对家人有妨害，家人多出去住。当夜，其家人都出北门躲避，却没有告诉在家的仪光法师。夜半仪光正在诵经，忽闻堂中人起取衣开门声，有一妇人出堂，便往厨房烧火做饭。法师以为是家人，并不奇怪。将要黎明时，妇人端着盘子送给仪光师傅，并说："劳师降临，今家人总出，恐斋粥失时，弟子故起，为师做饭。"仪光这才知道这个妇人就是亡人的鬼魂，法师并未害怕，接受了她的食物。而后远处传来大门的响声，此妇人说"儿子来了。"于是就又回到了摆放遗体的大堂。家人看到法师正在吃饭，惊问何人做的饭？师笑不答。这时堂内的仆人惊叫："亡人尸体改变了位置，手有面污，脚上染泥，怎么回事？"仪光师告知其缘由，大家都惊奇不已。

（三）大荐福寺

1. 唐朝时期的大荐福寺与小雁塔

大荐福寺始建于唐代。文明元年(684)，唐高宗病逝百日后，唐皇室为了给唐高宗追献冥福，在长安城开化坊的南半部(今西安朱雀大街以东的友谊西路北侧一代)，建立起"献福寺"。武则天天授元年(690)，将其改为"大荐福寺",并御笔亲书大荐福寺牌匾。现在所称的西安"小雁塔",就是大荐福寺的佛塔。它于唐中宗年间(707—710),在开化坊对面的安仁坊(今西安友谊西路南侧)兴建,在当时被称为浮屠院(或塔院)。寺和塔隔街相望,两者占据四分之三坊,规模堪称宏大。

大荐福寺是在唐中宗即位前的王府旧宅基础上改建的,在建寺之初便安排了200多个僧人来充实营生,增加香火。中宗即位之后,更是对大荐福寺大肆装饰,虽然规模比不上大慈恩寺,但也相当可观,并以"挺拔俊秀"而著称。

唐中宗以后,直到文宗时代结束,由于各位皇帝对佛教一贯弘扬的政策,大荐福寺不但保持了其宏大的规模,更是维持着平稳发展的态势。到了唐武宗会昌年间,由于唐武宗崇尚道教,开始遏制并打压佛教的发展。大荐福寺在灭佛运动中,虽然能幸免被毁,但所供奉的佛牙舍利被禁,大量僧人被遣散,只留下了个别僧人维持香火,大荐福寺由此走向衰败。

武宗之后,唐宣宗即位,马上下令停止武宗的禁佛政策,并下诏恢复佛教。但这并没有彻底挽救大荐福寺。从唐僖宗开始,大荐福寺便又走上了衰败和荒废的道路。由于唐代末年的多次战乱,长安城被大肆焚毁,大荐福寺也屡遭毁坏,僧众为躲避战乱,四散逃离,寺院因此荒废下来,园林杂草丛生,满目疮痍,十分凄惨。幸好小雁塔是由青砖所筑,基石坚固得以保存,在战火中幸存下来。

2. 宋元时期的大荐福寺

五代时期,战火不断,民不聊生,大荐福寺和唐代末年战乱时候的情景一样,僧众四处逃散,寺庙破烂不堪,香火中断,大荐福寺陷入无人问津的局面。

宋朝建立之后,中国恢复了大一统的局面,经济重新得到繁荣发展,但此时全国的政治、经济、文化中心已经开始逐步东移或者南迁,长安的地位已经大不如前,从国都变成了西北重镇,各方面的发展都相对滞后。

在这些客观条件的制约之下，注定小雁塔不可能再有像在唐代一样的重大发展。

　　随着经济的发展，长安地区的汉唐胜迹被逐渐修复，大荐福寺在经历了多年的战火洗劫后，终于迎来了第一次维修。宋徽宗政和六年(1116)，一位叫做"山谷迁雯"的信士游历到大荐福寺，看到寺院"风雨催剥，檐角垫毁"，"坠砖所击，上漏下湿，损弊尤甚"，于是发愿修缮。通过四个月的修缮工程，小雁塔的面貌焕然一新，整个塔用白土进行了重新粉刷，至今塔身上依旧可以看到白土粉刷的残迹。自小雁塔修建至第一次修葺，中间间隔400多年，虽然遭受多次战火洗礼，但小雁塔主体建筑基本完好，只是檐部和角部受到了损坏。现如今大雁塔还存放着当时修葺小雁塔时所撰《大荐福寺重修塔记》碑。

　　金灭北宋之后，长安城所在的京兆府就属于金的管辖范围。此时的大荐福寺由于战火不断，损毁严重，据张礼《游城南记》记载，"贞祐乙亥，塔之缠腰尚存。辛卯迁徙，废荡殆尽，惟砖塔在焉。"金宣宗贞祐三年(1215)，围绕小雁塔塔身所建的棚屋还保存完好，但到了金正大七年，大荐福寺塔所在京兆府被蒙古军队攻破，小雁塔周边的棚屋均受损毁，只剩下砖塔塔身屹立。

　　元统一全国之后，蒙古人信仰佛教，佛教对蒙古人的政治生活有很大影响，僧侣的社会地位较高，寺庙也拥有大量的产业。在元统治西安地区的100多年里，大荐福寺虽然稍有恢复，但并没有改变大荐福寺整体衰落的局面。据大荐福寺内现有石碑记载："元季，缁徒虽间营塔院以居，而倾颓随之，寺地亦渐夺为民亩。"元代末年，虽然大荐福寺塔院内有一些僧众居住，但整个寺院景象颓废，寺院的地产也大都被村民占有为自家耕地。

3. 明代的大荐福寺

　　明代之后，西安府成为明朝统治西北的军事重镇和陕西的政治经济文化中心，在政局稳定、社会安稳的情况下，大荐福寺也得到了多次修复，开始进入中兴时期。明以后，大荐福寺划归到咸宁县管辖区域，有关大荐福寺的历史资料也在《咸宁县志》有所记载。

大荐福寺的第一次修复，是在明初洪武年间（1368—1398）。明藩王秦康王帮助大荐福寺古梅禅师"重辉殿阁"，将大荐福寺内外重新修葺一番，还奏请朝廷"敕赐铭额"，揭开了大荐福寺中兴的序幕。

明宣德元年（1426），西宁卫弘觉寺番僧勺思吉蒙钦赐度牒，回到陕西西安府大荐福寺住坐。他见大荐福寺"系古刹丛林，建立年远，殿堂废弛，宝塔见存"，遂发愿重修。于是勺思吉四处化缘，到处募资大肆修葺，从宣德七年（1432）到正统十四年（1449），用了 17 年的时间，将大荐福寺由内到外修葺一新，这次修葺基本上奠定了今天小雁塔的布局和基础。大荐福寺大修竣工之后，勺思吉奏请朝廷，乞赐寺名，后明英宗亲题"敕赐大荐福寺"牌匾。

明宪宗成化八年（1472），镇守陕西的都知监、太监刘祥见大荐福寺"风凌雨震，规模虽存而屋瓦日就零落"，于是拿出自己的俸禄，对大荐福寺进行了入明以来的第三次修葺。这次整修虽规模不大，但却使日渐荒废的佛寺重现灵光。

明成化末年（1487），西安发生一场大地震，致使小雁塔从塔顶到底部出现不同程度的龟裂，有的裂痕甚至有数尺之宽，塔身中裂的情况一直维持到 1965 年。

明末崇祯九年（1636）至十一年（1638），大荐福寺的主持无昙募资，对大荐福寺进行明代的最后一次修缮。此次修缮，以殿宇和佛像为主，大荐福寺得到了一些恢复。

4. 清代的大荐福寺

清代对大荐福寺有过多次整修，重要的基本集中在康熙年间，因此康熙年间也被称为大荐福寺的一个兴盛时期。

康熙年间（1662—1722）对大荐福寺有过两次较大的修缮，分别是曹洞

祖庭沿革

139

和临济两个禅宗宗派时期。曹洞宗时期对大荐福寺的整修，算得上是清代规模最大的一次整修。康熙九年至康熙三十一年(1670—1692)，当时大荐福寺的住持心奥法师发起重修大荐福寺的宏愿，向四方募集资金，对大荐福寺的殿宇和佛像都进行了大量的修整，使大荐福寺焕然一新。后大荐福寺紫谷禅师，看到小雁塔根基损毁严重，大量塔砖脱落，在康熙二十二年至康熙二十六年(1683—1687)间，筹集善款，重整塔院，补修塔基，使得大荐福寺和小雁塔都得到很好的发展，香火旺盛。康熙三十六年(1697)，临济宗大峨禅师被迎请到大荐福寺作住持，开始了大荐福寺的又一鼎盛发展时期。1703年，康熙驾临西安，时任总督博济和抚军永泰，均从自己俸禄中拿出大笔钱财，对大荐福寺进行日常翻新与维修，并增置大量农田给寺院，维持寺院的繁荣发展。

晚清时期，大荐福寺仍然有不断的修缮。现今大荐福寺中的五楹藏经楼和琉璃歇山顶砖砌单拱南山门都是在晚清时期修建的。大荐福寺通过多年的发展，成为长安城中较为兴盛的大寺，寺院拥有众多僧舍和斋堂，大量良田耕地，救助了许多饥民，大荐福寺的历史得以延续，成为救苦救难之所。

5. 民国时期的大荐福寺

1911年，辛亥革命爆发，清政府的统治被推翻，北洋政府成立，西安地区进入军阀纷争和割据时期。大荐福寺和小雁塔因为西安地区的两次战乱，再次走向衰落。

1916年，陈树藩督理陕西军务，由于其大量搜刮民脂民膏，引起社会各界的强烈不满。郭坚、耿直等人组建靖国军，起兵反抗陈树藩。大荐福寺成为当时双方交战的激烈战场，受到严重损毁。1926年，被驱逐的原陕西省长刘镇华在吴佩孚、阎锡山支持下，于河南重建镇嵩军攻打陕西，与杨虎城、李虎臣指挥的陕军多次发生激战。这一时期的大荐福寺被军队管控，作为陕军的重要据点，寺中僧众被迫逃命，殿宇和佛塔均受到严重损坏。

南京民国政府成立之后，全国各地均发电拥护民国政府，大荐福寺也进入了南京政府时期。这一时期，大荐福寺长期被国民党军队占驻，僧人逐渐失去对大荐福寺的管理权，佛像不断被毁，寺宇被侵占。到1949年5月前，殿宇房舍全部为军队所用，佛像被毁坏无遗，寺中仅存几名僧人，苟延度日。1929年，英国人在大荐福寺院内设立苦儿院，大荐福寺被交由西安天主教代为管理，寺中多处佛殿遭受损毁。

西安事变后，西北王胡宗南进驻小雁塔，小雁塔还承担起了高级指挥部和高级接待处的重要角色，寺内进行了一些必要的符合军事工程要求的改造，寺院和旅游景观都遭受到一定程度的破坏，慈氏阁成为了办公室。当西安驻军撤离小雁塔时，小雁塔的塔底地宫，甚至被垃圾所填满，甚是让人痛心。

（四）洛阳广化寺

1. 唐代的广化寺

广化寺，据《洛阳县志》《河南府志》记载，始建于北魏年间，与石窟寺、灵岩寺、乾元寺、崇训寺、宝应寺、嘉善寺、天竺寺，同属旧时龙门八寺。

唐代关于广化寺的最详细的资料，记录在唐代密宗高僧善无畏的墓志铭中。善无畏，中印度摩伽陀国人，是甘露王的后裔，十三岁便继承乌荼国王位，后发愿出家，向高僧达摩掬多学习密法。于玄宗开元四年(716)到长安，先后住在兴福寺、西明寺，主持翻译佛经，弘扬密法。在善无畏之前，也有早期密法即杂密在中国流传，但都很零散，不成气候。真正系统化、理论化的密法是在善无畏进入中国后开始的。善无畏也因此，与金刚智、不空被称开元三大士。

开元二十三年(735)善无畏圆寂于洛阳大圣善寺，享年99岁。唐玄宗

祖庭沿革

141

亲自参加追悼大会，并令人将善无畏葬于洛阳龙门西山广化寺内庭。按照佛教界的惯例，教派祖师圆寂建塔的寺庙可以称为祖庭，因此广化寺便成为密宗祖庭。

善无畏法师已修得金刚之身，圆寂之后，全身不坏。之后的历朝历代，凡遇到旱涝灾害，百姓便到广化寺向善无畏法师祈祷，而且十分灵验。洛阳的诸多信士和富豪，也都经常到广化寺，请出其法体，焚香沐浴，争相进行供养，皇室如做禳灾、祈祷时，也会派许多使臣，去作供养、布施，广化寺的香火因此兴旺不减。

洛阳广化寺善无畏三藏显彰碑

（左为广化寺住持清泉法师，右为日本高野山真言宗僧人静慈圆）

2. 唐代以后的广化寺

五代时期，广化寺迎来了唐之后的又一个高峰期，可止、僧照、梦江、道丕四位法师，都将广化寺看做倾心宝地，圆寂后先后在广化寺建立佛塔，促进了广化寺的发展。

释可止，俗姓马，范阳（今北京）人，12岁出家，先后跟随高僧大德学习律法、禅定、经论，天资聪慧。学成之后，开坛讲法，僧众均从心底被其说服。19岁到五台山受戒，而后到长安大庄严寺传达讲法，在当地颇有名气。乾宁三年(896)获唐昭宗召见，获赐紫衣袈裟，在内殿讲法。但因战乱，到河北避难，被后唐宰相冯道召至洛阳，朝廷赐号"文智"，晚年居后唐都洛阳，任长寿净土院住持。清泰元年(934)，于长寿净土院坐化，享年75岁。清泰二年(935)，众徒弟在龙门寺东南角为可止树立佛塔，将其遗骨葬于其中。

释僧照，俗姓张，范阳（今北京）人，14岁出家，精通《金光明最胜王经》、《维摩经》、《法华经》等。天祐中(904—907)到河北弘法，获"至真大师"称号。后到洛阳，在法林寺开坛讲法，影响甚大。乾祐元年(948)，在洛阳圆寂坐化，享年70岁。时任太傅的李公方为其举办悼礼，通守济阳丁公为其树塔，葬于广化寺南边的山冈。

释梦江，俗姓杨，洛阳人，精通《仁王般若经》，清泰中年间(934—935)受邀到洛阳广化寺讲法，为僧众讲解《百法明门论》。其间适逢后唐末帝李从珂至寺问道，梦江与皇帝一同商讨佛法，深得皇帝喜爱，于是便赐予梦江紫袈裟。梦汀一直在广化寺一带讲法20多年，至显德三年(956)，因病而终，僧众多感悲痛，为其在广化寺建塔。

释道丕，长安人，俗姓李，是唐代宗亲之后，父亲是一名武将，在山西兵败而亡。后长安战乱，道丕带着母亲到华山躲避。27岁时，被召至洛阳著名译场福先寺弥勒院，与众多高僧大德一同翻译经文，后唐庄宗赐号"广智"。后梁时期，道丕被召至都城开封，与昭信大师因童颜不老而被僧众称为"二菩萨"，主要从事《佛名经》《法华经》《金刚经》《弥勒上生经》《仁王经》的研究。后周建立之后，于广顺元年(951)出任左街僧录，曾经大力劝导周世宗不要禁佛，并预先警告僧众做好被禁的准备，同时赶到洛阳做补救准备。由于这次准备足够充分，禁佛运动并未给佛教造成太大的打击。显德二年(955)，道丕坐化，享年 67 岁，僧众多感伤痛，号啕大哭，将其葬于龙门广化寺左侧，并树立石塔。

四位高僧，并非广化寺的僧人，而且各自有不同的法脉和修行法门，却都选择葬于广化寺。可以看出，广化寺在这一时期拥有较高的声誉，也是洛阳最著名的茔地。唐五代时期僧俗有围绕自己心仪的高僧舍利塔建立自己的遗骨塔的习俗，洛阳众多僧人放弃自己的寺庙而选择长眠于广化寺，也许与密教高僧善无畏的真身塔院在此有关。

北宋时期，广化寺由于未受唐末兵乱的破坏，比五代时期更加昌盛，加上广化寺中所藏善无畏大师真身，使得广化寺成为宋代朝野瞩目的著名寺庙。

开宝八年(975)，宋太祖亲临广化寺，瞻仰供奉善无畏三藏法师法身，回京师后，还亲自抄写金刚经，每日诵读。天禧四年(1020)，宋真宗也亲临广化寺，瞻仰无畏三藏塔，并立石刻于佛塔旁，对福塔进行称赞。两位皇帝先后亲临广化寺，说明宋代广化寺仍然令人瞩目。

宋代的广化寺由于闻名在外，许多文人墨客都到广化寺进行游访，欧阳修、张耒、宋庠、文彦博等文人名士都曾赋诗咏叹广化寺，称赞广化寺迷人的景色和繁荣的景象。

宋以后的几百年里，很少有关于广化寺的资料记载，只在《河南志》《洛阳县志》中，对广化寺略有提及。其中《洛阳县志》记载了清代时期对广化寺的几次修缮。康熙中年，洛阳人王喜学曾对广化寺进行修缮。康熙四十四年(1705)，僧人照洪四处化缘募集资金，对广化寺进行翻修。乾隆四年(1739)，洛阳人王璈、王琏，捐资对广化寺进行整修。

（五）大福先寺

1. 唐代的大福先寺

大福先寺的建立，在《唐会要》中有明确记载，福先寺原本是武则天的母亲杨氏的宅院，于上元二年(675)，立为太原寺，史称东太原寺，垂拱三年(687)又改名为魏国寺，史称魏国东寺。与当时西安的西太原寺、魏国西寺并列。天授二年(691)，再改名为福先寺。

太原寺建立之初，武则天便请印度僧人地婆诃罗入住，成为其翻译经文的道场，这里先后翻译出《大方广狮子吼经》一卷、《大乘四法经》一卷、《造塔功德经》一卷。《佛顶尊胜陀罗尼经》一卷、《证契大乘经》二卷、《大乘显识经》两卷。这些经书的翻译，使得太原寺在当时初具名气。

武则天在朝堂之中，进一步获得权力之后，为彰显其威望，将太原寺改为魏国寺，借用宗教力量进行舆论宣传。由于地婆诃罗已经圆寂西归，武则天便派阗国高僧提云般若(汉言天智)、华严宗创始人康法藏以及法明等人，先后到魏国东寺主持翻译经书。

法藏提云般若是阗国有名的高僧，于垂拱年携带百余部梵文经书来到洛阳，武则天将其派往魏国东寺，与十多位高僧一同翻译佛经。法藏对华严经深有研究，先后在魏国东寺译出《大乘造像功德经》两卷、《大方广佛华严经不思议佛境界分》一卷、《大方广佛华严经修慈分》一卷、《智炬陀罗尼经》一卷、《诸佛集会陀罗尼经》一卷、《大乘法界无差别论》一卷。

天授二年(691)，武则天称帝之后，再将魏国东寺改名为福先寺，意味武则天为父母祈福，武则天还亲自题写了碑文予以说明。之后武则天更是大肆扩建大福先寺，建造殿宇，收集舍利和佛宝到此供奉，规模甚是宏大。隋代所创的三阶教，施行独特的无尽藏制度，到唐贞观年间，已经形成颇为庞大的财力，武则天更是下令将其从长安迁至洛阳福先寺，彰显福先寺的地位。

此时武则天派往福先寺译经的高僧有菩提流支和义净两人。菩提流支于武周长寿二年(693)来到洛阳，先住佛授记寺，再敕住福先寺，他在福先寺翻译了《实相般若波罗蜜经》一卷、《文殊师利所说不思议佛境界经》二卷、《佛说宝雨经》十卷、《大乘金刚髻珠菩萨修行分》一卷、《大乘伽耶山顶经》一卷、《有德女所问大乘经》一卷、《妙慧童女所问经》一卷、《妙德婆罗门女问佛转何法轮经》一卷。

义净于武周证圣元年(695)从印度载誉而归，带回梵夹四百部，金刚座真容一铺，舍利子三百粒。这是类似玄奘归来的祥瑞事件，受到武则天的热烈欢迎，她亲自到上东门外迎接，并敕住佛授记寺，后又转福先寺。义净大师在福先寺翻译佛经多部：《弥勒下生经》一卷、《佛为胜光天子说法经》一卷、《庄严王陀罗尼咒经》一卷、《香王菩萨陀罗尼咒经》一卷、《一切功德庄严王咒经》一卷、《善夜经》一卷、《大乘流转诸有经》一卷、《妙色王因缘经》一卷、《无常经》一卷、《八无暇有暇经》一卷、《长爪梵志请问经》一卷、《根本萨婆多部律摄》二十卷。

此外，玄奘法师的弟子、慈恩寺僧人法宝和禅宗北宗神秀法师法孙、嵩岳慧安国师弟子仁俭也曾入住福先寺，与众位高僧大德一同翻译佛经。以上诸多译经和扩建，使得福先寺在武则天时期达到极盛。

中宗时期，活跃在福先寺的主要是北印度沙门阿你真那(汉言宝思惟)。在此译出《浴像功德经》一卷、《校量数珠功德经》一卷、《大陀罗尼末法中一字心咒经》一卷。

玄宗时期，活跃在福先寺的著名僧人是开元三大士之首的善无畏大师与高僧一行。善无畏为开元三大士之首，被唐玄宗尊奉为国师，并安排到洛阳大福先寺，与一行法师一起翻译佛经，先后译出《大毗卢遮那经》、《苏婆呼童子经》三卷、《苏悉地羯罗经》三卷。《大毗卢遮那经》也就是密教胎藏界曼陀罗的根本经典《大日经》，一行法师对此经非常重视，亲自作《大日经疏》，为唐代密宗的创立奠定了基础。善无畏与一行法师被看做是密宗祖师，由于两者均在大福先寺翻译密宗经典，大福先寺也因此被看做密宗的祖庭。

晚唐时期，福先寺依旧是洛阳一带著名的寺庙，香火灵验。《旧唐书》记载，唐昭宗曾到访过福先寺，乞求爱子平安。

作为唐代著名寺庙，大福先寺深受文人士大夫的喜爱，蔡希寂、皇甫冉、白居易、刘禹锡、欧阳詹等唐代诗人都曾到访福先寺，并留有传世诗文。大福先寺在洛阳对外关系史上也有重要地位。唐玄宗天宝年间,有位道璇律师,受到日本僧人的邀请,到日本奈良弘传律法,作为后来鉴真大和尚东渡日本的先锋。道璇被日本律宗奉为祖师之一,作为道璇律师在华居住的寺庙,大福先寺同时也被看做日本律宗的祖庭之一。

洛阳大福先寺康有为所书"所存者神"碑

2. 唐代以后的大福先寺

唐以后,关于大福先寺的历史记录越来越少,唐王朝的衰败,致使这座由武则天所创建的大福先寺香火也大不如前,大福先寺开始慢慢淡出人们的视野。

明代天启年间(1621—1627),洛阳洛河洪水泛滥,大福先寺被洪水冲毁，只有寺中雁塔保留下来，当地人将福先寺改称为塔寺。不久后，一支回民迁居到此，称本地为塔儿湾，即现在的塔湾村。福先寺的僧众大量减少，香火也时断时续，直到清朝初年，当地汉民再次将寺庙搭建起来，将其称为塔寺。

清康熙三十五年(1696)，信徒王善言出资重修了寺庙，福先寺的规模得以扩大，香火也逐渐恢复。此次重修被记录在石碑之上，此块石碑至今仍保留在福先寺中。清嘉庆二十四年(1819)的石碑记载："郡东数里有福先寺，门临大道，乃行人息肩所也。"这一记载，证实塔寺，即百姓口中所称的古唐寺，就是唐代赫赫有名的大福先寺。

民国十一年(1922)，当地信众自发筹集善款，对福先寺进行了重修，并请吴佩孚的参谋长张佑民题写了"古唐寺"三个字。福先寺的五重大殿，山门殿、观音殿、白衣殿、立佛殿、后大殿被修葺一新，但文革时后大殿被毁。

六、祖庭现状

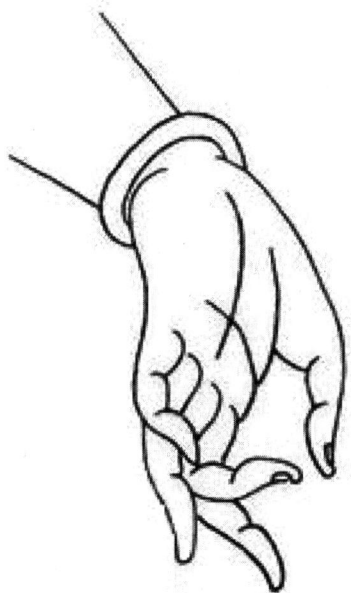

李利安教授认为，祖庭作为一种文化的象征与历史的记忆，承载着中国佛教宗派的诸多信息，以其崇高的历史地位向人们昭示着中国佛教的理论辉煌，并作为一个综合性的文化载体，连接着中国佛教的历史与现实，彰显着中国佛教无穷的文化底蕴。同时，由于这些祖庭受到佛教界、学术界乃至政府有关部门和其他社会领域的重视，也使其成为别具优势的佛教寺院，从而使其比一般寺院具有了更高的品位和更大的发挥作用的空间，也引起了更多的关注。

如上所述，密宗的祖庭留存至今的是大兴善寺、青龙寺、大荐福寺、广化寺、大福先寺。其中最重要的是大兴善寺和青龙寺。

（一）大兴善寺的复兴

大兴善寺是西安市重要的名胜景区，现存有唐代转轮藏经殿遗址，还有明代建筑和塑像。大兴善寺内现有文物清碑四方，即清康熙年间《重修隋唐敕建大兴善禅寺来源碑记》、《重修大兴善寺碑记》、乾隆年间《隋唐敕建大兴善寺祖庭重□□□记》和咸丰年间《大兴善寺法源碑记》，皆为研究大兴善寺的重要史料。寺内还藏有三帧巨幅清朝西藏彩绘《阿弥陀佛像》、《极乐世界图》和《弥勒像》，均是西藏绘画艺术珍品。

1. 中华人民共和国成立之后大兴善寺的发展

中华人民共和国成立后，政府为保护佛教名胜古刹，于1955年对大兴善寺进行有规模的修整，1956年开始重视佛教物质文化遗产的保护力度，于是拨出专款重新修建大兴善寺。同年，大兴善寺由卧龙方丈释朗照任住持，释慧雨任监院。这一时期，大兴善寺与卧龙寺、慈恩寺、庄严寺合并组成了农业社，十多名僧人拥有四十多亩土地。寺内僧人延续自己动手丰衣足食的优良传统，他们坚持"农禅并重，以寺养寺"，在诵经念佛的同时进行农耕，种植蔬菜，自己收割粮食。应对当时的社会环境，大兴善寺信众积极将佛法与生活相结合，寺院也进入了一段平稳发展的时期。可惜在文革中寺庙再遭劫难。

1984 年 4 月，大兴善寺由陕西省佛教协会接管。之后的半年里，寺院共修复殿堂、僧房 41 间，重塑了破毁佛像，翻整了二十余亩荒地，修剪绿篱一千余米，增加盆花六百余盆，植黄杨、冬青、刺柏等三万株绿植美化环境，购置了一批接待用品，使大兴善寺面貌大为改观。当时，慧雨法师任大兴善寺方丈，寺内有僧二十多人。此时整修后的大兴善寺面积增大，来往的信众增多，在全国的知名度也不断提升。

1985 年 10 月，大兴善寺举行了三坛大戒传戒法会，受戒僧尼 300 余人，其中包括多位日后教内领袖。1985 年 10 月，日本空海大师同志会为纪念空海示寂一千一百五十周年，向真言宗的发祥地——大兴善寺敬献了一尊青铜地藏菩萨立像，高约 1.70 米，底座用汉白玉彻成。10 月 25 日，大兴善寺隆重举行了地藏菩萨像奉安开光仪式，由 167 人组成的日本空海大师同志会友好访华团参加了法会。

1996 年 5 月，界明法师升座为大兴善寺方丈。界明法师俗名姓陈，宝鸡陈仓区人，1935 年 12 月生。他自幼喜爱佛教，聪颖好学，1986 年 6 月 19 日在扶风贤山寺出家，跟随慧莲老和尚学习佛法。1991 年 12 月应慧雨老和尚之请任西安大兴善寺监院，随后任大兴善寺管委会主任。界明大和尚担任大兴善寺的方丈后，更加注重寺庙的文物保护，尽心弘法，他特别注重密宗祖庭的恢复和发展。1997 年，寺院僧众多方搜集整理密宗典籍和仪轨，之后还组织年轻僧人修学密宗。这在一定程度上恢复了密宗传统，也大大提升了大兴善寺密宗祖庭的地位。

1996 年 7 月，时任方丈界明法师率领西安市佛教协会代表团前往日本交流学习，同年日本佛教界僧众也多次前来大兴善寺参加礼拜，共举法事。大兴善寺逐渐成为了国际密宗认可的祖庭之一。美国檀香山华侨佛教总会虚云寺董事长知定法师曾来大兴善寺参拜、礼佛。香港圣一法师也曾到大兴善寺朝拜、礼佛。1997 年，台湾台北佛教同修会会长、中坜宝莲寺住持广心法师率四众弟子 120 人来大兴善寺参拜、礼佛。2005 年，闽南佛学院第九届本科毕业班"西安祖庭朝圣团"来到大兴善寺朝拜密宗祖庭,进行学术交流。2008年,由香港旭日集团启建的祈福消灾法会在西安大兴善寺洒净开坛。2009年,日僧木村胜行在西安大兴善寺作关于"中日佛教交往及观音经"的讲演。同年,尼泊尔驻华大使Mr.Tanka Prasad Karki大使一行参访大兴善寺。

2009年尼泊尔驻华大使到大兴善寺参访,宽旭法师热情接待

2. 大兴善寺的密宗文化元素

大兴善寺为省级重点文物保护单位,保持着明清以来重修后的基本格局。会昌法难后,大兴善寺屡有重修,以清康熙年间的修复工程最多,先后重修了方丈、殿堂、钟楼、鼓楼和山门等。清同治年间,寺院建筑再次被毁,仅存钟楼、鼓楼和前门。虽然唐密已经失传,但是在当代重建的过程中,大兴善寺一直吸收密教的文化元素,不论是其大雄宝殿中的塑像格局还是新建的金刚堂,都有浓厚的密教色彩,尤其大兴善寺中保留的大量密教遗存,更加凸显出大兴善寺的密宗文化。

1)整体格局

大兴善寺坐北朝南,现存主要建筑从南到北,沿南北中轴线,依次是山门、天王殿、东西钟鼓楼、大雄宝殿、观音殿、东西禅堂、后殿。西院以僧人生活区为主，东院以旅游、观赏为主。

大兴善寺现存山门为明代建造，造型奇特，门洞上嵌有明代兵部主事田澜手书的"大兴善寺"四字石刻，后方题写有"五岗唐镇"。下有"明正德岁旦住持文乾修"的字样，门内有"五岗唐镇"四字石额，保存完好。

天王殿处于山门后面，大殿内的正面是弥勒佛，周围是四大天王。弥勒菩萨是明代托纱金装，弥勒菩萨造像后方则为佛教寺院的守护神韦尊天菩萨，现存造像为明代木雕。天王殿两侧完整保存有古建筑钟鼓楼。

大兴善寺天王殿广场

大雄宝殿两侧有新修的《一切如来心秘密全身舍利宝窗印陀罗尼经》等经幢，青石雕刻，精致庄严，具有非常浓厚的密教色彩。大雄宝殿内供奉五方佛，正中是法身佛毗卢遮那佛，也称大日如来，两侧有东方阿閦佛、西方阿弥陀佛、南方宝相佛和北方不空成就佛。大雄宝殿后是唐代转轮藏经殿遗址，高出地平面1米，略呈方形。

大雄宝殿之后的东西两侧，分别是文殊殿、普贤殿，供奉着文殊菩萨、普贤菩萨。普贤菩萨和文殊菩萨分别是释牟尼佛的右胁侍和左胁侍，一个象征智慧，一个象征真理。普贤殿和文殊殿外还围绕着密宗特色的转经筒。

大兴善寺大雄宝殿落成开光

大雄宝殿的正后方是观音殿，殿中供奉着千手千眼观音像，大兴善寺的特殊之处就是把观音殿也放在寺庙的中轴线上，给观音菩萨以如此尊贵的地位，这显示了中国佛教观音崇拜的兴盛。观音殿与大雄宝殿一起位于寺庙的中心，就是突出观音菩萨的影响力。殿内西壁墙上还悬挂着清代康熙年间唐卡观音菩萨像，非常珍贵。观音殿外两侧分别有西北地区所能见到的最大的转经筒。殿内有三幅清代西藏著名的彩绘《弥勒像》、《极乐世界图》、《阿弥陀佛像》，这些都是闻名于世的艺术经典，在当时风靡一时。

观音殿后为东西配殿。分别供奉从缅甸请回的玉雕释迦牟尼佛和卧佛。在东西配殿院中有多方石碑，记载着大兴善寺的历史痕迹。西侧一方石碑上，有已经逝世的佛教协会会长赵朴初题写的"密藏宗风"的碑记，背面是保护后的清代康熙年间修大兴善寺的碑记，石碑上面刻着释迦牟尼的足印。

往北边是即法堂，大堂的正门上面有光绪皇帝御笔亲题"觉悟群生"的牌匾，大殿里供奉大日如来。法堂两侧为东西禅堂、原方丈室，现在分别是客堂与密宗史料展览室。"开元三大士传略"就存在于西禅堂壁间的大镜框内，对于研究大兴善寺历史来说是非常重要的。西禅堂南壁镶有康有为手书："应无所住"。寺内其他密宗特色建筑及塑像还有慈觉大师像、空海大师纪念亭和空海大师铜像等。

2）大雄宝殿的密宗玄机

大雄宝殿是整个寺庙的中心，里面一般供奉着释迦牟尼佛，而大兴善寺作为密教的祖庭却展示出其独特的宗派特点，其大雄宝殿内供奉的主尊是五方佛，殿内正上方是中国佛教协会会长传印长老所书的匾额"五方五佛"。大殿内东西两侧供奉的是二十四诸天，后侧供奉海岛观音、善财童子和龙女。

"五方佛"，又称"五方如来"、"五智佛"、"五智如来"，这一称呼源于密宗金刚界，认为在东、南、西、北、中五个方向，各有一佛住持。这五方佛分别是中央的毗卢遮那佛、东方的阿閦佛、西方的阿弥陀佛、南方的宝相佛、北方的不空成就佛。五方佛不是独立存在的，而是对"佛"的概念抽象表述。金刚界曼陀罗，分为佛部、金刚部、宝部、莲花部、羯磨部等五部，各以五佛为部主。中尊毗卢遮那佛象征五智中的"法界体性智"，同时又化育其他四智；东方香积世界阿閦佛（不动如来佛）象征"大圆镜智"，西方极乐世界阿弥陀佛（阿弥陀佛）象征"妙观察智"，南方欢喜世界宝相佛（宝生如来）象征"平等性智"，北方莲花世界微妙声佛（不空成就佛）象征"成所作智"。

大雄宝殿内，位于中央的就是毗卢遮那佛。大日如来佛土是第一佛土，是佛教密宗至高无上的本尊，是密宗最高阶层的佛，为佛教密宗所尊奉的最高神明。密宗所有佛和菩萨皆自大日如来所出，在金刚界和胎藏界的两部曼荼罗中，大日如来都是居于中央位置，他统率着全部佛和菩萨，是佛教密宗世界的根本佛。四方各有代表地、水、火、风的四方佛。如东方之阿閦佛代表"风"大，其体性为动性，由此总括世界万物当中具有动性的事物；西方阿弥陀佛代表"水"大，其体性为湿性，象征世界万物当中具湿性的事物；南方开敷花王如来亦称宝相佛代表"火"大，其体性为暖性；北方微妙声佛即释迦代表"地"大，其体性为坚性。此五尊佛所代表的物质和体性总共可用五个字来概括，也就是真言种子字，东西南北中五方的佛分别为诃、缚、罗、阿、怯五字，也可以用黄、白、赤、黑、青五种颜色和正方、三角、半月、圆形、宝形五种符号表示，将一切事物描绘的淋漓尽致。

大殿后侧墙壁悬挂的是日本画家甲斐哲义先生所绘的金刚界曼荼罗与胎藏界曼荼罗。金刚界曼荼罗又称为西曼荼罗、果曼荼罗、月轮曼荼罗。其创作源于《金刚顶经》，它由九个曼荼罗会组成，因此又被称为金刚九会曼荼罗、金刚界九会曼荼罗、九会曼荼罗。胎藏界曼荼罗，主要以《大日经》为依据建立。《大日经疏》将胎藏喻为修行者最初之心智，就像父母的影响和感化，将自身的精髓附加在胎儿中，使之成长。等到胎儿长大的时候，就会表现出父母的特点，就像出生时跟随父母的姓氏一样。随着婴儿的成长，会逐渐掌握生存的技巧与方法，在世界中会有各种染着，而遮挡本来清净的自性。因此用莲花来比喻曼荼罗义，莲花的种子存在于坚固的躯壳之中，安然遵守花果的本性，如同大悲胎藏一样静谧，不被外界干扰，而且所开的花优美干净，只要有阳光的普照，就可以满足生存的需要。

（二）青龙寺的恢复

1. 青龙寺的发现与恢复

1924 年，日本真言宗僧人和田辩瑞来西安寻找青龙寺，根据《嘉庆咸宁县志》的记载："新昌坊之青龙寺，今名石佛寺，皆迄今不改。……石佛寺即青龙寺，在祭台村。"他认定石佛寺就是祖庭青龙寺，并题词曰："当今石佛寺者，唐之青龙寺也。贞元二十一年六月日僧空海上人，即弘法大师仰当时惠果大和尚受学密教。千二百年后末资辩诣当寺，无极感恐湮灭，兹书。大正十三年仰八月十八日，真言宗末资和田辩瑞志。"

1925 年，日僧真言宗弟子加地哲定也来寻找祖庭青龙寺，也将祭台村的石佛寺误认为青龙寺，并题词："大正十四年六月十一日，余诣此处，该寺是青龙寺之故址，密教根本道场也。磋法灯既灭，和尚逝久，感慨无量。所愿法灯再燃，佛日增辉。密乘沙门加地哲定识。"

1930 年，朱子桥将军来陕西赈灾。在石佛寺看到日僧的题词，感慨万千，也认为石佛寺就是青龙寺，于是和地方官绅、居士村民，重修了大殿和僧房，并题写了"唐青龙寺"的匾额，悬挂于寺门。

1963 年，中国社科院考古研究所对新昌坊地区进行了考古发掘，出土了若干密宗的遗物，如陀罗尼经幢等。1973 年，考古工作者正式对青龙寺展开发掘，并发现两处遗迹。一为塔址，可能属于隋唐时期的方形木塔结构，塔基正中有一方坑，应当是塔心的地宫部分。塔址东侧 50 米处为殿址，殿址台基面呈长方形，东西五排，南北六排。一为殿址，殿址有明显的密宗佛殿特殊设置。出土遗物有银质及鎏金小铜佛、开元通宝等遗物和唐代建筑材料等。至此，终于找到了青龙寺的具体位置，位于新昌坊的东南部，占新昌坊的四分之一，进而确认了石佛寺不是青龙寺。

1979 年 11 月，日本香川县知事前川忠夫先生访问西安，首次提出在青龙寺遗址上建立空海纪念碑的请求。归国后与德岛、爱媛、高知四县，成立日本空海纪念碑建立实行委员会本部，西安方面也成立西安协助建立空海纪念碑委员会。双方于 1981 年 4 月 12 日至 15 日在西安签订了协议。最初协议约定 1982 年底完工。后来日本方面强烈要求提前到 1982 年 7 月底完工。建碑工程从 1981 年 7 月开始，到 1983 年 5 月竣工。纪念碑风格简洁大方，体现了盛唐时期的审美要求，受到了中日各方的一致赞扬。高野山及各派真言宗组团 300 多人，在青龙寺举行法会典礼。

1981 年 10 月，日本真言宗代表团访问西安，提出了恢复青龙寺大殿的要求，日方负担一亿三千万日元，其余部分由西安方面承担，1982 年 6 月，日本真言宗会长阿部野龙正与西安方面签订了恢复大殿的协议。工程由西安市文物局古建筑设计室设计，西安市文物局古建筑公司承担建设任务。工程 1983 年 3 月动工，1984 年 4 月竣工。完全按照唐朝的建筑要求建设，大殿规模巨大，但却不用铆钉，完全是靠木结构的榫卯。同年 9 月，日本真言宗高野山阿部野龙正大师，率真言宗各派大师及信众，在青龙寺为惠果阿阇黎及空海大师二位祖师宝像升座，中国佛教协会赵朴初会长亲率僧侣参加法会，并代表时任国务院总理赵紫阳宣读了贺电，日方来一副部长代中曾根康弘首相宣读贺信，法会十分隆重，中方参加四众 112 人，日方参加四众 224 人。从此，真言宗七祖、八祖同堂共坐于惠果·空海纪念堂中。纪念堂至今依旧接受世界各地佛教徒的朝拜。

1986 年，日本赠送千余株樱花树，植于青龙寺内。每年三、四月间，樱花盛开，春色满园，姹紫嫣红，风光异常，这使得青龙寺成为中国著名的樱花观赏胜地。1997 年 11 月 17 日，西安市人民政府将青龙寺移交佛教管理，西安市民族宗教事务委员和西安市佛教协会礼请宽旭法师住持日常事务，从此青龙寺恢复宗教活动。同年 12 月 15 日，青龙寺隆重举行恢复净坛法会，重新点燃了千年法灯，延续法脉。

青龙寺新修的山门，巍峨高大，现在青龙寺已经成为西安的著名景区。唐代古老的青龙寺，在中日人民的共同努力下，又获得了新生。2010 年西安市政府重点工程项目的后续工程之一的青龙寺遗址博物馆工程项目开工。青龙寺遗址博物馆坐落于青龙寺遗址公园古原楼广场，由仿唐式古建主楼、东西配楼和古原楼广场组成，总建筑面积 3164 平方米，陈展面积 848 平方米，共分 3 层。陈列内容主要以唐青龙寺对外文化交流为主线，突出展示了青龙寺遗址出土文物及古今中日文化交流等相关实物。2012 年乐游原遗址公园一期建成，乐游原青龙寺已经成为集遗址、寺庙、公园、博物馆、茶社等于一体的历史文化景区。现在青龙寺其主要区域分为：西南部的隋唐青龙寺遗址保护区、南部的青龙寺寺庙区和青龙寺遗址保护中心、东南部的惠果堂商务宾馆、北部的乐游原历史文化体验区以及中部的古原楼青龙寺博物馆等。至今，青龙寺也以它传奇的历史角色和美丽静谧的风景吸引着众多的中外游客。

2. 青龙寺的密教文化活动

2004 年为空海大师入唐 1200 周年，对青龙寺和日本佛教具有特殊的意义。10 月 10 日，青龙寺举行"纪念空海大师入唐 1200 周年"法会，中日双方各界人士 500 多人参加了纪念大会。11 月 11 日，寺院举办了密宗护摩法会来纪念空海大师。来自日本的百余名僧人和几百名居士参加了这次法会。护摩法会是密教特有的法会形式，此次法会也是纪念空海大师入唐 1200 周年系列活动的最后一次活动，极其殊胜、隆重，参与人数众多。

2007 年 10 月 28 日，为了纪念中日邦交正常化 35 周年暨遣隋使入隋大兴城 1400 周年，日本高野山真言宗信众在青龙寺惠果·空海纪念堂举行金刚流咏歌(进香歌)演唱会。11 月 21 日，日本真言宗丰山派佛教青年会百余名僧众到寺院参拜诵经礼佛，并立碑纪念中日邦交正常化 35 周年暨日本真言宗丰山派佛教青年会成立 50 周年。中国佛教协会会长一诚长老为碑题词"中日友好源远流长"。

2010 年 4 月 21 日，"高野山开创 1200 年纪念大法会"在青龙寺举办，日本高野山真言宗宗务总长庄野光昭法师和青龙寺住持宽旭法师为法会主法。日本高野山真言宗佛教团一行 80 余人和青龙寺僧众一同参加法会。总务长庄野光昭法师感叹，30 年前他就到西安青龙寺祭拜过惠果、空海两位大师，对青龙寺倍感亲切。这次到寺院来，看到寺院正在政府的支持下进行建设，看到中国密宗祖庭的快速发展，他更是欣喜不已。

2010 年 10 月，"重走空海入唐之路——古都线"参访团来到西安。此次活动由日本高野山大学名誉教授静慈圆长老担任团长，时任香港中华密教学会秘书长的陈珮筠女士担任副团长，一行 40 余人，参观拜访了青龙寺与大兴善寺两大密宗祖庭，受到住持宽旭法师及大众的热情接待。朝拜团一行在青龙寺惠果·空海纪念堂内举行法会以纪念空海大师。法会由静慈圆长老主法，朝拜团成员及寺院大众参加了法会。

2012 年 8 月，西安市青龙寺举行中日邦交正常化 40 周年纪念暨追忆弘法大师·空海纪念法会。全日本旅行业协会会长、众议院议员二阶俊博团长，高野山无量光院住持土生川正道长老，以及日中交流使节团一行 600 人来到青龙寺。法会由宽旭法师和土生川正道长老共同主法，中日双方僧众分别持诵经咒，祈请佛力加被，祝愿人民安康，世界和平。活动期间，日方代表曾表示，1200 多年前，日本空海法师在青龙寺拜惠果大和尚为师，得到密宗真传，带金、胎两部大法归国弘法，并创立日本真言宗，这是日中友谊的见证，佛教与密宗是紧密连接日中两国的纽带。如今的青龙寺在中日两国的共同努力下逐步恢复其鼎盛时的风采，密宗传承也逐步在青龙寺恢复。

日本真言宗各派大本山会参访青龙寺

2016 年 4 月 1 日，西安青龙寺隆重举行文殊菩萨、普贤菩萨圣像开光法会，西安市各大道场法师云集于此，包括大兴善寺方丈、青龙寺住持宽旭法师、长安护国兴教寺方丈宽池法师、石佛寺住持演德法师、紫竹林住持宽印法师、护国道安寺住持宽严法师、青龙寺监院宽涛法师等，以及 300 余位十方善信随喜参加了法会。目前，青龙寺正处于不断发展壮大的阶段，未来的复兴计划将更加突出其密教祖庭的风格与特色，届时青龙寺的密教文化活动将更为频繁。

（三）其他密宗寺院的现状

1. 大荐福寺的沉寂

1949 年中华人民共和国成立后，大荐福寺与小雁塔的历史再次有了新的变化，其宗教的色彩慢慢变淡，逐步变成了地标建筑、历史文物和旅游景点。

新中国成立后至 1957 年以前，小雁塔变化不大，寺内仅有的几名僧人遗住在寺院里。1957 年之后，西安市文物管理会迁入大荐福寺内，接管了寺宇和佛塔，从而开始了国家对大荐福寺小雁塔的修复、保护和绿化工作。1964 年，在西安市文管会的主持之下，对小雁塔的塔身和塔基都进行了加固修缮，整个工程耗时一年，被誉为佛塔修葺的典范。

中华人民共和国成立之后至 2007 年，文物保护作为国家文化事业的重要组成部分，由政府进行统筹管理。小雁塔的保护也在这一大的背景之下，逐步走向了法制化、规范化与科学化。先后由西安市文管会、西安市文物局担任其主管部门，逐步完成了对小雁塔为主的大荐福寺建筑群的全面保护与修复工作。今天的荐福寺已不是宗教活动场所，但是现存的布局依旧带有浓厚的佛教韵味。现存大荐福寺，由南向北中轴线上的建筑分别为山门、慈氏阁以及两边的鼓楼钟楼、大雄宝殿以及位于其两侧的东小亭和西小亭、藏经楼和方丈室、小雁塔、白衣阁等。

大荐福寺现存山门为清代建造，以青砖所制，留有门洞。屋顶为单檐翘角，曾经的蓝色琉璃瓦现已光彩不再，南刻"敕赐荐福寺"字样，北刻"最胜法门"。慈氏阁为明代楼台，分为下墙上殿两部分。砖砌高台 16.4 米，上建殿宇为 3 间结构，中间屋檐下悬挂明英宗亲书"敕赐荐福寺"木匾。游人可从两侧砖梯步行登上慈氏阁参观。这里向南，坐落着清朝所建造的钟鼓楼，向北则是大雄宝殿。大雄宝殿主体为清代所建，近代以来几经修缮，采用青砖灰瓦的建筑形式，衬托出当代大荐福寺的朴素与殊胜。

北边的藏经楼为清代建筑。白衣阁为明代建造，是供奉观音菩萨的场所。如今小雁塔经历13个世纪的风雨，依旧屹立在藏经楼与白衣阁之间，见证着佛教的兴衰。

荐福寺内的古树名木共计十棵，九棵为国槐，一棵楸树，距今约800～1300年左右。其中五棵国槐一棵分布于大雄宝殿前中轴线两侧，其余四棵分布于慈氏阁南面和钟鼓楼之间的院落。在这些古槐中最古老的一棵俗称"龙槐"，树围2.7米，株高9.2米，树冠投影面积35.23米，距今约1200～1300年，可追溯到唐朝。一棵楸树栽植于慈氏阁北侧的中轴线东，树围3.2米，株高15.3米，树冠投影面积19.63平方米，距今800多年。

2014年6月22日，在卡塔尔首都多哈召开的联合国教科文组织第38届世界遗产委员会会议上，荐福寺内的小雁塔作为中国、哈萨克斯坦和吉尔吉斯斯坦三国联合申遗的"丝绸之路：长安-天山廊道的路网"中的一处遗址点，成功列入《世界遗产名录》。

2. 洛阳广化寺现状

新中国成立后，由于"文化大革命"的影响，广化寺被毁。1988年，日本高野山密教真言宗友好访华团远渡而来，到广化寺进行朝拜，但此时广化寺已经损坏严重。同年，由赵朴初先生书写，在广化寺址立起"善无畏三藏显彰碑"。1992年，为繁荣旅游事业，振兴经济，洛阳郊区龙门村党委、村委投资300万元，在旧寺址对广化寺进行重新修建，寺中现有的无畏师碑、钟鼓楼、厢房等均为当时所建。重建后的寺院有混凝土大道直通寺前。寺院山门前高31米的山坡上，砌着199级宽达10米的石阶，衬托得寺院雄伟壮观，气势不凡。寺内建筑全部为仿清式，青瓦红砖，沿中轴线依次为五间大的二层高山门、天王殿、伽蓝殿、三藏殿、地藏殿，统为飞檐高挑的歇山顶，画栋绘梁，古色古香。寺内另有无畏师塔，是为纪念唐朝时来中国传扬佛法的印度僧人善无畏而立。寺中神水亭内有千年神泉，俗传好人取饮时有水，坏人欲饮时井干。寺内望朝亭，高居山巅，可登临远眺洛城，传说旧时有一皇上来龙门游春，登此处回望都城，忽见宫中有叛逆作乱，急速返宫，得以及时平定，遂建此亭以记之。寺内多种植牡丹，每年花开时节，游客与香客都会聚集到广化寺中，赏花参佛，感受这座千年佛刹独有的韵味。

3．大福先寺现状

现今的大福先寺，深藏在洛阳唐寺门村内，虽有路通往寺院，但略微破旧，并不十分方便。自 20 世纪 80 年代以来，有关方面对大福先寺进行了多次修复，并列为洛阳市重点文物保护单位。

现"大福先寺"门楣牌匾，由已故白马寺方丈释海法大和尚手书，寺庙中门古朴，略显简陋。中门两侧，分立两大金刚，面目狰狞，上身裸露，两脚张开，甚是威严。山门面北，从山门入，便能看到东西两侧分立钟楼、鼓楼，严格恪守晨钟暮鼓的惯例。这里的钟楼又叫帝释天殿，鼓楼又名后土殿。原福先寺五大殿，只有山门殿、圆觉殿、万佛殿、圆通宝殿四殿尚存，规模尚不能与盛唐时期相比。

第一个殿宇是山门殿。朝南的后门门楣上悬挂着一幅匾额，上书"福先禅林"四个大字，这是日本高野山真言宗僧人、高野山大学教授静慈圆所书。日本人称大福先寺为禅林，这表明该寺院在日本临济宗中具有相当崇高的地位。山门殿内的主佛为弥勒佛，两侧站立着四大天王。

第二座佛殿叫圆觉殿，正门外两侧列着两块石碑，这也是寺中为数不多的文物之一。圆觉殿西侧上书"所过者化"，东侧上书"所存者神"，这是民国重修福先寺时吴佩孚的参谋长张佐民所书。佛殿内，佛祖释迦牟尼跌坐于莲花宝座之上，迦叶、阿难两位弟子侍立两旁，十二圆觉沿墙分立东西两侧。西侧由左向右为：文殊、普贤、普眼、金刚藏、弥勒、清静慧；东侧由右向左为：威德自在、辨音、净业障、普觉、圆觉、贤善首菩萨。

第三殿便是万佛殿，殿门两侧分立两只几乎与佛殿等高的香炉。进入殿内可以看到主佛身后和东西两侧的墙壁上布满了 2.54 厘米(1 英寸)大小的佛像，总数约有万尊，故此殿被称为万佛殿。观音菩萨立于正中，龙女与善财童子侍立两侧。龙女与善财童子的外侧供奉着文殊与普贤二位菩萨。文殊身骑雄狮，表示智慧威猛，震慑魔怨，普贤则是身骑白象，寓意愿行广大，功德圆满，独具密宗寺院的特色。

大福先寺的最后一个佛殿圆通宝殿，供奉观音菩萨，两侧除善财童子和龙女之外，还对称排列着观音菩萨的"三十二化身"，三十二位化身雕塑个个色彩艳丽，或坐或站列于一片花海和树丛之中。

唐代的福先寺在佛教中地位崇高，是颇具代表的皇家寺院，武则天对其倾注了诸多关照。因法藏、善无畏、道璇等诸位高僧于福先寺译经，使福先寺成为当时有名的道场，也因此被称为华严宗、密宗、日本律宗的祖庭，如今依旧有宗派僧众到福先寺进行参拜。福先寺是现在洛阳硕果仅存的译经道场，具有十分重大的历史意义。

（四） 当代密宗僧人风采

1. 悟光法师

悟光法师(1918—2000)，台湾当代密宗高僧，五智山光明王寺的开创者，中国佛教真言宗光明流鼻祖。1918 年 12 月，悟光法师出生在台湾高雄县内门乡一个素有宗教信仰的家庭。1957 年 2 月，悟光依止台南竹溪寺眼净老和尚剃度皈依，专心于禅学。

悟光法师在台南闭关期间，西藏贡嘎系法师来台湾传授藏密，因当时台湾佛教界大多认为藏密是外道，多数寺庙不肯借道场让其传法。悟光上师的好友为此事奔走，所以前来求助于他。悟光法师回忆："我亦很感为难，由他们百般拜托之下，我就破例出来帮忙，将新盖好未曾开佛学院的教室及学生宿舍，开放给他们传法，我亦不例外参加灌顶学法行列，足足开了

悟光法师

十天，对此我亦很感兴趣，就改途学藏密了。"①悟光法师从西藏贡嘎法师修习了四臂观音法、长寿法、大白伞盖法、白财神法、马头明王法等的简修法，修习中他做事业金刚、普通共修时均由贡嘎法师领导，后来道场移到德化堂，最后移到重庆寺。悟光法师当时讲法繁忙，错过了最后的阿阇黎位灌顶。但是这段修习藏密的经历成为了他以后修学佛法的转折点，在此期间他对密教有了很深的认识，对他后来发愿回传密教和在日本高野山学习密教至关重要。

悟光法师对错过藏密阿阇黎灌顶也觉得很遗憾，他说，"过了不久我就想到山中去静修，这次决定往六龟大智瀑布下去盖个草庐，一切就绪后辞去台南中山公园的讲经及寺务。带了很多禅宗语录及密教经典仪轨，准备研究有一个入处。"悟光法师的弟子回忆，"其后专习藏密，闭关修持于大智山(高雄县六龟乡)，持咒精进不已，彻悟金刚密教真言，感应良多，尝感悟得飞蝶应集，弥空蔽日。师于闭关静阅大正藏密教部之时，知有绝传于中国(指唐武宗之灭佛)之真言宗，已流布于日本达千余年，外人多不得传。(因日人将之视若国宝珍秘，自诩历来遭逢多次兵祸劫难，仍得屹立富强于世，端赖此法，故绝不轻传外人)。期间台湾颇多高士欲赴日习法，国外亦有慕道趋求者，皆不得其门或未获其奥而中辍。悟光法师愧感国人未能得道传法利国福民，而使此久已垂绝之珍秘密法流落异域，殊觉叹惋，故发心亲往日本求法，欲得其传承血脉而归。"②

1971年6月，悟光法师东渡日本，前往东密真言宗本山高野山金刚峰

金胎合曼——密宗及其祖庭

---

① 悟光：《沧桑回忆录》，悟光法师手稿。
② 悟光：《即身成佛观》，派色文化出版社(台湾)，1991年6月，序言部分。

寺求学。他多次上山求法都被拒于门外，后因誓愿宏大受该寺目黑大师赞赏，并在其协助下才入金刚峰寺作旁听生，其后不久便拜入本山门主中院流五十三世传法宣雄和尚门下。学法期间修习极其严厉，尝于零下二十度之酷寒，一日修持达十八小时之久。不出一年，修毕一切仪轨，得授传法大阿阇黎灌顶，遂为五十四世传法人。

1972 年悟光法师学成回国，在台南、高雄等地设立道场，开坛灌顶，弘法度人，"颇收劝善济世，教化人心之功效。"1978 年，由日本高野山金刚峰寺推荐，经日本国家宗教议员大会决议通过，加赠大僧都；1983 年再加赠小僧正，并赐披紫色衣。

悟光法师在台湾高雄五智山开光明王寺为大本山根本道场，于 1990 年创光明王寺香港分院。悟光法师勤于著述，共有 17 种著作传世；并注重人才培养，本山管长徹定、香港分院院主长彻鸿等都已经成为弘扬密教的中流砥柱；他热衷于社会公益事业，设立了台湾真言宗慈善基金会，在港台及大陆贡献良多。其弟子及再传弟子以弘扬密教为誓愿，被佛教界誉为"光明流"。

2000 年 7 月 16 日，悟光法师圆寂，春秋八十三，僧腊四十七，戒腊三十五。2009 年，日本国家宗教议员大会拟追赠悟光法师为大僧正。悟光法师弟子彻鸿法师近十年来一直为密宗法脉回传大陆而努力，2009 年以来，多次在西安青龙寺开坛，传法度人，影响颇大。

2. 宽旭法师

宽旭法师，俗姓张，1970 年 2 月出生于甘肃天水。1983 年 8 月在甘肃省天水县东山念佛堂寺皈依本正法师，1985 年正月在陕西长安兴教寺依常明法师剃度出家，1985 年 9 月于大兴善寺受具足戒。1988 年考入普陀山佛学院进修，期间得到普陀山妙善长老鼓励，并于 1990 年在普济寺出任副监院。1994 年回西安兴教寺担任监院。1997 年被西安市宗教局、西安市佛教协会礼请为西安青龙寺住持，2001 年任圭峰山圭峰寺监院，并当选为长安终南山佛教协会会长。2003 年元月当选为陕西省第九届政协委员，2005 年任陕西省佛教协会秘书长，2006 年任西安市佛教协会副会长。2008 年 8 月，时任青龙寺住持的宽旭法师被西安市宗教局、西安市佛教协会礼请为大兴善寺住持。2010 年在西安交通大学管理学院获得博士学位。2010 年 2 月，当选为中国佛教协会第八届理事会常务理事，2010 年 12 月当选陕西省佛教协会第六届副会长。2011 年 11 月 25 日，宽旭法师荣膺大兴善寺方丈，从此大兴善寺步入一个新的发展时期。

大兴善寺方丈宽旭法师

宽旭法师大力推进大兴善的寺务建设，致力于恢复大兴善寺的密宗特色。2009 年 11 月 1 日，宽旭法师邀请陕西省社会科学院宗教研究所所长王亚荣研究员、西北大学佛教研究所所长李利安教授和杨勋居士等莅临大兴善寺，召开寺院重建工作会议。宽旭法师在会上汇报了大兴善寺重建工作的设想和进展情况，杨勋先生对重建设计进行了审查，认为还有进一步研究修改的必要。王亚荣先生认为，大兴善寺所具有的三大地位一定要在设计和重建中彰显出来，其一是国寺，其二是国立译场，其三是密宗祖庭。他对这三层意义进行了说明，认为大兴善寺的重建要尊重历史，体现其特有的价值。李利安教授认为，密宗复兴是未来的必然趋势，重建密宗祖庭意义重大。他建议首先对大兴善寺的历史尤其是作为密教祖庭的历史进行全面细致的研究，并将其成果吸收到重建的设计规划中来，以便尽量再现盛唐密宗祖庭的历史风貌；其次，在恢复密教祖庭的同时，也应该在重建设计中体现大兴善寺重要的历史文化内涵，使大兴善寺成为一个文化底蕴丰厚的寺院；另外，应该考虑当代密宗修法的需要，以合适的方式体现密宗的色彩，满足密宗修行的需要，使大兴善寺成为现在和未来的密教修行中心。会上，大家还讨论了大兴善寺的建筑风格问题。

2010 年 2 月宽旭法师邀请中国工程院院士、西北建筑设计研究院总建筑师张锦秋，来到大兴善寺，现场指导寺院总体规划建设工作。张锦秋在宽旭法师的陪同下，对寺院所有建筑、空地及周边环境进行了实地考察，详细询问了寺院现有建筑布局、年代、文物价值、土地面积使用等情况，并举行了大兴善寺总体建设规划研讨会。此次研讨会为寺院总体建设规划确立了基调，即一定要注重提升寺院的建设品位，突出大兴善寺的密宗特色及其祖庭重要地位。2010 年 5 月，中国佛教协会会长传印长老到大兴善寺视察。传印长老在住持宽旭法师的陪同下参观了寺院，并多次询问寺院建设规划进程。传印长老赞许大兴善寺的发展变化，并嘱咐宽旭法师继续利益众生，为密宗的传承与发展作出新的贡献。

宽旭法师特别注重大兴善寺的未来，被选作住持之后更是在各个方面不断提升大兴善寺的宗教文化特色。他曾在多个场合强调未来大兴善寺复兴的工作要点，其中包括：弘扬密宗法脉，加强文化交流，注重佛教学术研究。

1）弘扬法脉

大兴善寺作为历史上著名的密宗祖庭和重要寺院，接续密宗法脉是义不容辞的历史责任。近几年来大兴善寺注重培养有志于密宗的僧人，注重整理研究密宗的各种典籍，并与学术界展开多次交流，研究密宗复兴和接续法脉的重大问题。近年来，大兴善寺连年举办密宗受戒及灌顶法会，为数千名信众灌顶，使他们得到法益。在宽旭法师的指导下，寺院致力于整理密宗典籍、仪轨等重要原始文献，集结成册，完成《大兴善寺文献丛书》，并出版《弘法大师著述辑要》。目前寺院僧众正在积极整理开皇三大士、开元三大士相关资料，并决定将成果汇集为《著述辑要》公开出版发行，以继承历史，弘扬密法，促进佛教文化交流。大兴善寺在有关部门的领导下，积极与社会各界交流，认真向各个密宗宗派学习，以期接续密宗法脉，传承宗派，续佛慧命，造福信众，有益社会。

大兴善寺先后曾多次举办各类传播宗教文化的活动，接引大众。2010年6月寺院举办"追寻圆仁——慈觉大师求法巡礼足迹摄影展"，摄影展主要展出前任日本驻华大使夫人阿南史代女士的作品。她长期从事中国历史地理研究，根据《入唐求法巡礼行记》提供的线索，用十年时间重走日本留学僧圆仁之路，寻访考察圆仁笔下的寺院佛塔、山川河流以及风土民情，拍摄了大量的资料图片。当年圆仁大师入唐求法，正是在大兴善寺学得真传，此次摄影展的举办，连接了历史与现在，体现了佛教文化的千年历史，更为佛家文化的弘扬提供了新颖的形式。2011年圆仁大师圆寂1150周年之际，阿南史代女士再次回到大兴善寺，一同来访的还有日本紫云山壬生寺住持渡边光喜法师一行18人。大兴善寺不仅为西安僧众提供佛教文化，更成为国际信徒信仰的依托。

为了让更多的人有机会感受佛教密宗文化的博大智慧，宽旭法师在2011年开展了主题为"尚善尊德文化大讲堂"的活动。大讲堂免费面向全社会，诚邀对传统文化、佛教和密宗感兴趣的各界有缘人。授课的老师有寺院的法师，也有高校的教授。曾参与讲授课程的有西北大学佛教研究所所长李利安教授、陕西师范大学宗教研究中心主任吕建福教授。2011年11月19日下午大讲堂开讲，李利安教授作了题为《让佛法智慧融入生活》的学术报告，来自西安市各地数百名佛教文化爱好者共同聆听了本次精彩讲座。李利安教授的讲座包括三部分主要内容：第一，大兴善寺的历史地位；第二，佛教智慧融入生活的十条途径；第三，"大兴善寺与唐密学术研讨会"的基本宗旨与筹备状况。

李利安教授在大兴善寺"尚善尊德文化大讲堂"主讲《让佛法智慧融入生活》

关于大兴善寺的历史地位，李利安教授通过以下八个"胜"来说明：
一、时胜。大兴善寺创建于开皇二年，即公元582年，也就是隋文帝取代后周、建立隋朝、登基称帝后的第二年，是隋文帝最为踌躇满志的时候。而这个时候也正是隋文帝废除后周灭佛政策、大规模复兴佛法的时候。所以，大兴善寺的建立，也可谓隋文帝以佛法立国战略的象征。二、名胜。大兴善寺的"大兴"二字来源于隋文帝未称帝之前的"大兴郡公"的封号，这也是隋文帝新建的都城的名字，既表现了隋文帝对其政治发迹史的永恒记忆，更蕴涵其对新政权前途的美好希望和憧憬。"善"字则来源于该寺所处的遵善坊中的"善"。由此可以看出，大兴善寺在隋代佛教中享有皇家第一寺院的崇高地位。三、地胜。大兴善寺位于长安城整个地势结构中的九五贵位，是隋文帝建城时依据八卦原理构思全部地域概念时被认为最尊贵的地方，堪称长安城最为耀眼的明珠。四、权胜。这里是隋代国家宗教管理机构——昭玄寺的所在地，是当时政教关系的中心。五、文胜。这里是隋唐两个朝代的国立译场，隋代的"开皇三大士"那连提黎耶舍、阇那崛多、达摩笈多，唐代"开元三大士"中的不空等译经大师在此处翻译经典，是当时佛教文化的中心，堪称中外文明交往的圣地。六、法胜。大

171

兴善寺是中国汉传佛教密宗的祖庭，密法从西天传到这里，并在这里形成中国密宗，再经过这里传向全国，尤其是由此传向日本，形成延绵至今的重要宗派真言宗。七、神胜。这里不但是具有神圣意义的密法的诞生地和盛行地，也是佛菩萨信仰的中心，唐代著名的蛤蜊观音就供奉在这里，当今大雄宝殿的五方佛像庄严肃穆，气势恢宏。菩萨信仰是密教信仰体系的重要构成部分，作为密教祖庭的大兴善寺内建有普贤、文殊、地藏、观音等殿，处处彰显出佛教圣地的荣光。八、人胜。也就是人气很旺。隋唐的时候，大兴善寺高僧云集，文人学士和王公贵族常来常往，一般信众也格外青睐这里，民国年间，这里是西北佛教复兴的主要阵地，心道法师等人驻锡这里，僧徒一时俱增。李教授说，今天的大兴善寺可谓名山有主，宽旭法师升座之后，相信这里的人气会更旺。以上八"胜"相互呼应，彼此贯通，圆融一体，共同支撑和彰显着大兴善寺的殊胜地位。

2013 年 3 月 31 日，大兴善寺作为中国汉传佛教密宗祖庭寺院，隆重举行了密宗特有的仪式——结缘灌顶法会，法会由寺院方丈宽旭法师和香港密咒院陈精文上师共同主法，来自全国各地的十方善信近 800 人接受殊胜灌顶。此后的几年间，大兴善寺多次举办灌顶法会，接引各地信教群众皈依密法，建立积极的宗教观。

2）慈善工作

宽旭法师在慈善工作方面也做出了很多努力，他在担任终南山佛协会长期间，积极联系香港慈辉佛教基金会为陕西榆林及西安地区高校捐款兴办慈善事业和设立奖学金。仅西安外事学院就争取到慈辉佛教基金会连续五年、每年 100 万的助学贷款。宽旭法师还长期负责终南山住山僧人的道粮款发放工作，历年来坚持按时发放，为护持终南山修道的住山者提供了道粮保证。2010 年 6 月 1 日，宽旭法师参加中国佛教协会组成的一支十余人的慰问团赴青海玉树灾区慰问，给灾区人民送去了物质的支援和精神的抚慰。

2015 年 7 月，根据国家六部委联合下发的《关于鼓励和规范宗教界从事公益慈善活动的意见》文件，大兴善寺慎重商议后决定与西安交通大学第一附属医院合作，并正式签订合作协议。在原有兴善医院的基本上提升，建立以康复医学、临终关怀等为主的特色医疗办事模式，以期实现佛医结合、心灵治疗的双向转诊。这种模式目前在国内佛教界是独一无二的，属全国首创。宽旭大和尚表示，医院与寺庙合作办医的形式，在国外和台湾等地均已有存在。是本着"普度众生、慈悲济世"的佛教精神，发挥寺院的社会公益性功能。建成后，会定期开展对陕西宗教界人士的身体检查等活动。作为公益行为，寺院的法师、义工们也将会结合佛教文化对患者进行心灵上的疏导和净化，借助佛法智慧，实施"佛"、"医"结合的特色临终关怀模式，以服务于陕西、西北乃至"一带一路"区域民众的身体健康。这一举措开创了国内"西医"和"佛医"结合的先河，大兴善寺也在宽旭法师的指导下，在新时代背景下成功发掘了佛教与社会的契合点，将佛教与社会生活结合，将服务社会转化为全新的弘法途径。

3）文化交流

密宗是中印文化交往的瑰丽成果，大兴善寺自古以来就是中印两国文化交流的重要场所。印度是世界上的文明古国之一，与我国在文化交流上可谓源远流长，中印两国的文化相互影响和融合更是令人叹为观止。随着我国改革开放的不断深化，近年来印度社会各界与大兴善寺的交流日趋频繁，大兴善寺应该继承和发扬历史传统，在新的历史时期，继续谱写中印两国人民友好交往的新篇章。日本著名僧人空海于公元 804 年入唐，承接青龙寺惠果大师密宗法脉，回国后建立真言宗，法脉昌盛，枝叶繁茂，对日本佛教产生了深远的影响。真言宗传人以惠果受大兴善寺不空大师法脉传承故，对大兴善寺有极其深厚的信仰感情。80 年代以来，日本佛教各界就非常重视与大兴善寺的文化交流和在各方面的合作，90 年代界明法师前往日本进行文化交流，更是极大地促进了两国佛教界的相互理解和认同。大兴善寺要继承和发展中日两国友好交往的传统，特别是在密宗文化领域，更进一步增加交流的深度和广度。

2011 年夏，北京大学国学社暑期考察团来到大兴善寺，在西北大学佛

祖庭现状

173

教研究所所长李利安教授的带领下参观了寺院的主要殿堂以及转轮藏经殿等历史遗址和相关文物，并与寺院的法师进行了交流。在交谈过程中，同学们提出的主要问题有：佛教与科学的关系，例如物理世界与佛法的世界是否是两个并行的领域；佛教在当代兴盛的深层原因，尤其是与道教的滞缓相比，佛教不断兴盛的内在动力到底来自哪里；科技进步尤其是信息技术空前发达对寺院有无冲击；医学解剖与戒杀生能否圆融；人是否生而平等；佛教能否治国；如何理解轮回及其与生命个体的关系；如何理解佛教信仰的他方世界以及具有神力的信仰对象等。各位法师对这些问题进行了详细的解答。罗福法师强调，佛就是觉悟，学习佛教的关键就在于觉悟，只有觉悟才能解除人生的苦难，才能迎来幸福美满的生活。彻贤法师指出，烦恼是人生问题的根本，在现代社会烦恼依然是一切痛苦的源头，只有消除烦恼才能享受生命的快乐，而佛法就是对治烦恼的根本方法。宏证师则以其敏锐的思维和清新的语言，为大家辨析了很多疑惑性问题。永春法师还为大家教唱了药师咒，其纯洁亮丽的声音给大家带来了心意的清凉与艺术的感染。

2013年9月应世界佛教联谊会总部的邀请，宽旭法师作为中国佛教协会代表团副团长出席了在泰国曼谷举行的世界佛教联谊大会并在大会上作了题为《"圣教三车俱得全"：加强宗派间团结与合作、淡化并尊重差异性》的发言。

2013年11月2日，"万法归宗——隋唐长安佛教宗派兴盛纪实特展"在台湾中台禅寺中台山博物馆开幕。此次活动展出了隋唐佛教造像、造像碑、石经拓本、碑刻及墓志拓本等珍贵文物，以此见证隋唐时期佛教八宗的兴盛荣景。大兴善寺作为隋唐佛教的见证与代表也为此次活动提供了文物支持，方丈宽旭法师应邀专程前往台湾参加开幕仪式。

2014年4月9日下午，西北大学佛教研究所所长、博士生导师李利安教授带领陕西省委组织部西北大学干部培训基地宗教文化班30余位干部学员到大兴善寺参访，受到方丈宽旭大和尚的热情接待。培训班学员一行在李利安教授的带领下抵达大兴善寺并参观寺院的各个殿堂。在参观途中，李教授亲自为大家讲述大兴善寺的历史渊源、文化底蕴以及佛教的显密教理和哲学涵义。随后，学员们在本寺会议室与方丈宽旭法师进行了亲切的座谈。宽旭法师首先感谢了大家的参访，还为大家详细介绍了寺院的历史文化和发展状况。

李利安教授带领干部培训基地学员参访大兴善寺

2015年正值中国、尼泊尔建交60周年，中尼两国在经济、文化、宗教等多领域展开了一系列的交流活动。同年6月，尼泊尔清尼亚拉玛家族基金会主席路夏娜·拉玛公主、总理秘书Ramesh Kumar Acharya先生、文化部部长秘书Umakanta Parajuli先生一行专程到大兴善寺参访瞻礼，方丈宽旭大和尚全程陪同，并亲自讲解大兴善寺的历史因缘与近期的发展走向。

2015年5月14日上午，印度总理莫迪首次中国之行的第一站，就来到了密宗祖庭西安大兴善寺。参访全程由大兴善寺方丈宽旭法师接待。隋代的时候来自南印度罗啰国的达摩笈多在大兴善寺译经。这个小国就是今天印度的古吉拉特地区，莫迪总理的故乡正是印度的古吉拉特，所以达摩笈多算是莫迪的老乡。莫迪在大兴善寺参观时特别向宽旭法师讲到这一因缘，并表达了对老家人为中印两国文化交往与友好合作所作贡献的敬仰与怀念。莫迪总理在参观完大兴善寺之后，提笔留下篇幅长达两页的古吉拉特语留言，后经过西北大学李利安教授与其印度留学生冠秀杰共同合作，经过四种语言转换翻译成汉语，译文如下：自古以来，人类总是在追寻终极的安宁。相对于物质生活来讲，精神生活才是获得永久安宁的最终途径。玄奘曾经到过我的家乡，而今天我非常荣幸地来到这块伟大的土地。我的古吉拉特同乡达摩笈多曾经花费 26 年时间在这块土地上传播佛教经典和佛教哲学，为这里的人民做出了卓越的贡献。我向为了传播佛法和提升精神而做出巨大努力的你们合十致礼。通过战争来解决问题只能意味着战争。大兴善寺也成为国际和平的象征。

2015 年印度总理莫迪参访大兴善寺并题词

4）学术研究

大兴善寺自隋代建寺以来，不但是传法的重要场所，也是佛教学术研究的重要地点。隋唐时期皇帝诏请全国各地大德入住大兴善寺，随后大兴善寺又成为国立译经道场，足以见得大兴善寺在佛教义理研习、佛教文化研究交流方面的历史传统。所以大兴善寺的文化建设要继承以往的道统风格，注重对佛教文化的全面深入研究。近几年来，大兴善寺所发行的双月刊《大兴善寺》，正在积极地摸索佛教文化研究路径，努力提高刊物的水平。

2009 年 12 月 5 日，"陕西文化户外大讲堂"走进大兴善寺，李利安教授应邀在"陕西文化户外大讲堂"解读大兴善寺。来自西安、咸阳等地的三百多位佛教文化爱好者在李教授的带领下，走进千年历史，解密祖庭渊源，体悟祖师风范，感受奇妙的密宗文化。开讲仪式在天王殿前举行，大兴善寺住持宽旭法师致欢迎词，他对大家的到来表示欢迎，对大兴善寺在中国佛教历史上的地位作了高度的概括，对李利安教授在佛教文化研究方面的贡献给予充分肯定。全部讲座分别在天王殿前、观音殿前和金刚堂等三个地点进行，内容主要有：大兴善寺寺名的历史文化内涵，大兴善寺在中国佛教史上的历史地位，大兴善寺的创建和地理位置的神奇之处，密宗的创立、基本体系、基本体征以及密宗对海外佛教的影响等。《陕西日报》、《西安晚报》、《西部网》、《秦文化资源网》、《中国佛学网》等媒体均派记者现场采访报道，西安电视台、陕西人民广播电台全程录制，并将在相关栏目中进行播报。

"陕西文化户外大讲堂"走进密宗祖庭大兴善寺

宽旭法师注重佛教学术研究。2011年11月，由陕西省佛教协会主办、西北大学佛教研究所协办、大兴善寺承办的"长安慧光，世纪风采——大兴善寺与唐密文化学术研讨会"在西安举行。来自中国、日本、澳大利亚等国家的160多位专家学者和大德法师汇聚西安，会议收到密教相关学术论文150多篇。此次会议对佛教密宗领域的学术研究贡献空前。西北大学佛教研究所所长李利安教授在闭幕式学术总结中提到此次会议的六项成果：一是对大兴善寺的历史文化内涵进行了一次全面、深入的挖掘和整理，这对更加系统、完整地认识大兴善寺的历史地位和当代价值具有重要的指导意义；二是对密宗文化的认识与把握更加明晰，涉及其历史与传承、实践与弘法、翻译与艺术等多个方面；三是对密宗的历史命运进行了更为细致的梳理，包括密宗的形成、兴盛、传播、衰落与复兴；四是对密教信仰形态的研究更加精深，包括崇拜对象、普贤信仰和咒语研究；五是一些学者开始研究在密教历史上非常重要但尚未引起重视的一些高僧；六是对密宗与佛教其他宗派、世俗社会的关系进行了深入探讨，在诸多方面都填补了学术空白。以此次会议为机缘，宽旭大和尚发起成立了"长安密教文化研究中心"，希望能够全面深入地对密教的历史与渊源、密教的义理和信仰特色、密教与世界文化的交往互动以及密教的文学艺术价值等方面进行整理研究，使长安密教文化大放异彩。

5) 回传密宗

1997 年宽旭法师被礼请为西安青龙寺住持，他了解到密宗传承的当代问题，当时就萌发了回传密宗的愿望。但是当时青龙寺正值恢复宗教活动场所之初，落实教产、基础设施建设等一系列事情迫在眉睫。宽旭法师经过近十年的努力，使青龙寺面貌一新，正在此时又被调往西安大兴善寺，回传密宗法脉的事情只能暂时搁置。经过近十年与日本真言宗不断接触，回传密宗法脉的因缘逐渐具足。2006 年，弘法大师圆寂 1200 周年，宽旭法师前往日本四国八十八灵场，追随空海弘法的足迹参拜巡礼，空海当年归国在九州登陆，日本佛教信徒依据空海建立八十八座不同主题各具佛法内涵的寺院，在真言宗中具有很高的地位。2015 年，日本高野山隆重举行弘法大师空海开创高野山 1200 周年纪念法会，宽旭法师受邀参加高野山开创法会，在此期间宽旭法师下定决心将回传密宗法脉作为头等大事。

2016 年 5 月，青龙寺住持、大兴善寺方丈宽旭法师于佛前焚香祈愿，毅然决定东渡日本，前往日本真言宗根本道场高野山学习密法，接续密宗传承，将从青龙寺传到日本的密宗法脉回传中华大地的密宗祖庭。陕西省宗教事务局、陕西省佛教协会、西安市宗教局、西安市佛教协会等相关部门的领导对宽旭法师前往高野山学习密法大力支持。宽旭法师的求法愿望也受到了日本真言宗的高度重视，日本真言宗高野山金刚峰寺管长中西启宝亲自主持仪式，宗务总长莲花定院添田隆昭大阿阇黎亲自传法，同时得到了清凉院住持静慈圆传灯阿阇黎的大力支持。日本真言宗念诵梵语的发音经过一千多年已经发生了很大的变化，梵文真言的念诵是纯日语的发音，高野山在传法给宽旭法师时，专门选用比较古老的法本，用梵文发音教授。宽旭法师漂洋过海，克服中日佛教之间的种种差异和语言障碍，放下住持千年祖庭名刹的方丈身份，在高野山从一个普通的僧人做起，按照密宗修行的次第，精苦钻研，发奋学习，得到了日本高野山的一致认可。

经过为期半年的紧张学习和艰苦修行，据说在学习期间每天只能休息三四个小时，各种教相、事相的科目安排非常紧密，宽旭法师于 2016 年10 月入坛灌顶得阿阇黎位，顺利将中国失传已久的密宗法脉回传到密宗祖庭大兴善寺和青龙寺。

宽旭法师作为密宗祖庭大兴善寺的方丈和青龙寺的住持，东渡日本接续密宗传承，是中国佛教界的一件大事，是整个密宗宗派史上的重要事件，将会成为密宗历史中重要的转折点和当代密宗发扬光大的开端。密宗回传祖庭对中国佛教史将产生深远的意义，从文化的层面可以填补我国传统文化在继承上的缺失，从宗教层面上看是佛教密宗复兴的开端。宽旭法师回传密宗，延续法脉，完成了中国佛教界自民国以来的百年宏愿。

宽旭法师在高野山

佛教在中国经历了千百年的本土化进程，使这种外来文化由蕴含中国传统文化因素逐渐转变为中国文化特征的代表。密教传入中国后，经一行、惠果等僧人的发展迅速形成了具有中国文化特征的密教，由中国传出至日本、东南亚各国时，是中华民族文化的一部分。作为中华民族的子孙，继承和发扬传统文化是责无旁贷的历史使命。所以密教回传，在继承中华民族传统文化上接续了一千多年的历史，为繁荣中华民族文化做出了应有的贡献。

密宗回传体现了中国佛教的文化自信和文化自觉。中国是佛教的第二故乡，佛教文化已经是中国传统文化的重要组成部分，两千多年来对中国文化的品格具有深远的影响。在这样浑厚的文化积淀之上，中国佛教能检视自身的优缺，将优秀和先进的继续发扬光大，努力弥补自身的不足之处。这就是中国佛教的文化自信，宽旭法师直面密宗祖庭法脉传承断失的问题，正是一种文化自信的表现。学习和借鉴其他民族和国家的文化，需要高度的文化自觉，是要建立在文化自信之上，不是盲目的输入。要知道哪些是值得学习和借鉴的，哪些是必须淘汰和摒弃的，这样的文化借鉴才有其真实的意义和现实的价值。宽旭法师延续密宗法脉，也体现出了这种文化自觉，这将会对中国佛教密宗的发展产生重要的意义和现实的价值，将成为密宗复兴的重要篇章！

3. 仁如法师

仁如法师，扬州大明寺僧人，鉴真佛教学院院长助理，生于 1981 年 2 月，江苏东台人。2000 年 6 月于扬州大明寺依能修大和尚出家，2001 年至 2003 年就读于扬州大明寺佛学院，2003 年至 2005 年任大明寺佛学院监学。2005 年至 2007 年赴日本正眼短期大学学习交流，获得学士学位。2007 年底回到大明寺担任监院之职，负责大明寺对日交流。2010 年在鉴真佛教学院负责日语教学，并兼任教务长。2011 年 11 月被选为江苏省佛协常务理事。2014 年 9 月起，担任鉴真佛教学院院长助理。2015 年 3 月至 2016 年

3月东渡日本高野山专修学院研习真言密教事相教相，酷暑严寒，修学不辍，一年修习期满，登坛灌顶，获阿阇黎位。

仁如法师曾与笔者就密宗发展的几个问题做过交流，谈了自己在高野山的求法经历和以后弘传密宗的想法。

仁如法师

关于密宗的历史地位，仁如法师说，密宗是中国佛教八大宗派之一，是中国佛教文化的重要组成部分。就个人而言，他更愿意称之为"密教"，因为它本身也是一种教育。另外，也不赞成人为地将密教和显教分开，都应该纳入佛教的整体中来，平衡地看待这个问题。密宗在历史上因为有浓厚的护国色彩，所以得到了政治的大力扶持，在这一过程当中，对整个佛教的发展和推广也起到了重要的作用，当然，在利乐有情、教化众生方面与其他宗派也是相同的。

关于当代密宗的复兴，仁如法师认为密宗复兴是中国佛教复兴的一部分，也是中国传统文化复兴的一部分，更是在国家重视文化发展的大环境中产生的。作为中国传统文化的组成部分，密宗的复兴关键还是在于社会的认同和人才的培养，离开这两点一切都无从谈起。而在当前的社会环境中，密宗的复兴也是一个必然的趋势。

关于在日本高野山学习期间的感想，仁如法师说，中国佛教不能将日本佛教生搬硬套，要学习我们所需要的，借鉴适应我们社会发展的部分。日本的佛教，给他最深的印象就是严谨性和仪式感。在日本佛教中传承有非常重要的地位，凡事讲传承。另外日本佛教重视日常生活中师生之间、同学之间的各种礼仪，法事活动中的仪轨更是不能有半点差错。

关于今后在密宗人才培养方面的问题，仁如法师说，人才培养是非常重要的，但是让他们如何发挥自己的所学和专长却是一个现实的问题。中国佛教界的多位高僧大德都意识到了这个问题，也在积极地探索解决的方法和出路，这可能就需要一定的时间了。

仁如法师在高野山

关于今后在弘传密法方面的设想，仁如法师说任何事情的成行，都需要各种因缘的和合，就密宗以后的发展而言首先需要佛教界的认可，认识到密宗复兴是佛教复兴不可或缺的组成部分。实际工作方面，他说自己在鉴真佛教学院，也可以做弘传密法的一部分工作。因为当年鉴真东渡日本后，在唐招提寺弘传律宗。并且弘法大师空海是在东大寺鉴真传人那里受的戒，近代以来唐招提寺在人才培养方面和高野山多有关系。唐招提寺虽然是律宗的道场，但是其中心建筑物中却是一个立体的曼荼罗坛城，而且他们日常的修行中也吸收了很多密宗的因素。有名的"入唐八家"之一常晓律师，在《常晓和尚请来目录》中称："其大元帅明王法脉，源自于中国唐朝栖灵寺(扬州栖灵寺或称大明寺)灌顶阿阇黎文璨和尚。文璨和尚乃不空三藏弟子，兼惠应阿阇黎付法人也。"

因而，鉴真与大明寺和密宗还是有很多关联的，所以在鉴真佛教学院弘扬密法，也是可以的。仁如法师说，讲鉴真的故事不是有意地分别谁可以谁不可以，而是一切与密宗有缘的僧人都可以弘扬。将来在能修大和尚的领导下，鉴真佛教学院将会选出一些对密宗感兴趣的僧人进行培养，对密宗的发展做出应有的贡献。

后　记

　　佛教发源于印度，光大于中国，是中国传统文化的重要组成部分，随着近年来国家文化战略的实施，已经成为世界认识中国的一个重要窗口。中国佛教有其自身的特点，最为显著的标志是八大宗派的创立与传承。八大宗派的历史传承，不仅是认识中国佛教历史、思想、文化的一条路径，也是了解千百年来中国民众对佛教实践、改造、发展的一条脉络。而且，中国佛教宗派的历史传承，不仅存在于文献资料的记载和考古发掘的文物中，也存在于当代传统文化的发扬和僧俗大众的信仰中。宗派文化代代相传的主要承载者，不仅有历代的高僧大德和广大民众，还有历史上难以数计的佛教寺庙。而在这些人物和寺庙中，宗派的祖师和祖庭成为最重要的文化传播和承载者。宗派祖师在将印度佛教中国化、经院佛教民间化、义理佛教生活化、传统佛教时代化等方面做出了重要贡献，影响了整个中国佛教的发展格局和文化品格。祖庭寺院是中国佛教宗派最具形象化的代表，它们有些已经湮没在浩瀚的历史中，但是还有很多屹立千年香火不断，它们不仅是宗派传承历史的见证和承载的场所，也是历史馈赠给当代的文化瑰宝。因而，认识和了解中国佛教的形成和发展、现状和未来，宗派是一条连接古今的道路，祖师和祖庭是这条道路上醒目而重要的路标。

　　笔者读研究生之前，一直在古都西安生活，这里有中国汉传佛教八大宗派中六大宗派的祖庭，时常在这些祖庭寺院中了解宗派祖师的传法活动和故事传说，就有了以上对中国佛教的一些粗浅认识。今年夏天，西安电子科技大学出版社策划出版《中国汉传佛教八大宗派及其祖庭》文化丛书，旨在面向广大社会读者，以通俗性、知识性、趣味性为主，介绍各个宗派的历史、思想、文化，使人们对中国佛教宗派的认识更加社会化。笔者有幸参与，与西北大学佛教研究所的李永斌师兄共同承担了密宗及其祖庭的写作任务。

以上就是笔者以祖师和祖庭为主要内容，撰写本书的思路和缘起。书中以人物为线索，以宗派传承为脉络，梳理了密宗形成发展的历史、祖庭的沿革和现状。然而，中国佛教八大宗派的历史发展，都有其自身的特点，不能一概而论。就本书所写的密宗而言，其思想从部派佛教时期就已出现，几乎贯穿整个佛教输入中国的历史，但宗派的成立却是最晚的一个，宗派传承的断失又是较早的一个。因而，既不能弃宗派创立之前其思想酝酿集聚的历史于不顾，又不能完全依各个时代进行内容详略的平衡，所以在写作中不能像其他宗派的传承一样严格按照历代祖师谱系进行。汉传佛教密宗与藏地密教、云南密教的关系，密宗和其他宗派的相互影响和吸收以及密宗与道教、民间宗教的关系，因为篇幅问题没有纳入本书结构中。"当代密宗僧人风采"的部分，由于资料信息有限，也许还有缺漏。

书稿的完成，首先要感谢我的博士生导师中央民族大学哲学与宗教学学院刘成有教授，他对我在佛教文化学习中的教导和培育，是我今天能够写作本书的前提条件。同时感谢丛书主编西北大学佛教研究所李利安教授，对本书的结构设计、写作内容、形式风格等方面给予的具体指导。感谢西安电子科技大学出版社的高樱老师，负责丛书的具体策划和执行，在我们写作过程中提供了很多鼓励和帮助。感谢香港中华密教学会会长彻鸿法师多年来的指导，感谢大兴善寺方丈宽旭法师的关照。感谢陈珮筠居士提供的资料和信息，感谢王宏涛师兄和孙绪会师姐在文稿形成初期贡献了极具价值的文本资料。还有很多学者与其他有缘人的文章，为本书提供了很有价值的借鉴，对他们先期的劳动在此也表示衷心的感谢。尤其需要说明的是，李永斌师兄承担了不比我少的工作量，却在一开始就主动放弃第一作者的位置，给我锻炼与提升的机会，其谦让的品德和提携后进的一片心意让我感动。

　　由于时间紧迫，加之自身学识粗浅，书中难免存在错漏，恳请读者指正。

李心苑

2016 年 10 月 8 日

后

记